KB269317

순수경험과 자각
: 니시다와 윌버

순수경험과 자각: 니시다와 윌버
— 통일성과 신(神)의 측면에서

2018년 7월 20일 1쇄 인쇄
2018년 7월 25일 1쇄 발행

지은이 | 이한영
펴낸이 | 김영호
펴낸곳 | 도서출판 동연
등 록 | 제1-1383호(1992. 6. 12)
주 소 | 서울시 마포구 월드컵로 163-3
전 화 | (02)335-2630
전 송 | (02)335-2640
이메일 | yh4321@gmail.com

ISBN 978-89-6447-428-0 93200

이 저서는 2015년 대한민국 교육부와 한국연구재단의 지원을 받아 수행된 연구임
(NRF-2015S1A5B5A07043587).
This work was supported by the Ministry of Education of the Republic of Korea and
the National Research Foundation of Korea (NRF-2015S1A5B5A07043587)

통 일 성 과 신 (神) 의 측 면 에 서

순수 경험과 자각

니시다와 윌버

이한영 지음

동연

머리말

동·서양의 철학과 종교, 인문학과와 과학, 철학과 신학 등 간학문적 관심을 기울여왔고, 특히 동·서양의 종교철학에 대한 깊은 관심을 갖고 있었기에 니시다의 사상도 자연스럽게 필자의 연구영역으로 들어왔다. 또한 2010년부터 일본 교토대학 문학연구과에서 사다미치 아시나 교수의 초청으로 초빙 외국인 학자로 재직할 수 있는 기회도 있었다. 이 자리를 빌려 아시나 선생의 헌신적인 도움에 감사한다. 이때 필자는 문학연구과 산하에 있는 기독교전공학과에서 수업을 들었으며, 박사과정 및 대학원 학생들의 독서 스터디에 자원하여 함께 공부하는 시간을 가졌다. 또한 필자가 이미 학술지를 통해 발표한 토착화신학, 한국적 신학의 연구논문을 일본어로 번역하여 아시나 교수 및 대학원 학생들과 한국신학 세미나를 진행하기도 하였다. 그리고 국내의 열악한 출판 사정과 여러 가지 형편으로 인해 아직까지도 출판하고 있지 못하고 있지만 교토학파 관련 서적도 2권 번역해내기도 하였다. 그러나 필자의 관심이 신학에 국한된 것이 아니었기에, 문학연구과 산하의 다른 전공학과의 문도 함께 두드렸다. 유럽 철학 전공에도 기웃거리기도 했지만, 무엇보다도 교토학파 철학의 맥을 잇고 있는 일본철학 전공의 문을 두드렸다. 이때 담당 전공 교수인 후지타 마사카츠 선생의 독일 철학 및 교토학파 철학 수업을 참관하였다. 선생은 마지막 인사 시간에 "언제나 좋은 질문을 주어서 감사하다"는 말을 전해주었다. 그런데 무엇보다도 교토대학에서의 이 시간은 필자

에게 〈『선의연구』 간행 100주년기념 국제심포지엄〉에 참가할 수 있
는 기회를 제공해주었다. 그해 12월에 이틀간에 걸쳐 진행된 이 심포
지엄에서는 교토대학 출신의 전·현직 교수들 및 외국인 출신 연구자
들의 연구발표가 있었다. 이 시간은 필자로 하여금 100년이 지난 오
늘의 시점에서 그 후배들이 니시다의 사상을 어떻게 바라보고 있는가
하는 것을 알 수 있게 해준 소중한 시간이었다. 또한 교토에서의 시간
은 교토대학 중심의 일본 철학 및 일본 신학의 흐름에 대해 알 수 있었
던 귀한 시간이었으며, 이와 관련된 자료를 수집할 수 있는 시간이기
도 했다.

이러한 과정 때문에 필자의 관심은 니시다의 사상과 켄 윌버 사상
에 대한 접점으로 옮겨갔다. 수행종교를 통해 종교철학적인 관심을
갖고 있는 이들의 학문적 성향이 상당 부분 비교 가능하다는 판단 때
문이었다. 그러나 필자는 한동안 켄 윌버의 사상을 멀리 떠나 있었다.
필자의 학문적 성향이 통합학문적이기 때문일까? 역설적으로 통합
학문적인 윌버의 사상을 떠나 다양한 학문적 분야로 관심이 옮겨갔
다. 한편 그것은 윌버 사상이 갖고 있는 한계의 자각 및 비역사적 관심
때문이기도 했다.

그러나 그럼에도 불구하고 니시다의 사상을 켄 윌버의 사상에서
조명해보아야 할 필요성은 있었다. 이 땅의 학문적 동향상 가까운 나
라의 종교철학의 시조인 니시다 사상에 대한 연구가 소수의 열정적인
전문가들을 제외하고는 그다지 많지 않기 때문이다. 한편 켄 윌버의
사상을 전체적이고도 전문적인 시각에서 다룰 수 있는 학자들도 적기
때문이다. 특히나 윌버의 사상은 그 스펙트럼이 넓어서 기성의 종교
뿐만 아니라 신흥종교를 포함한 다양한 종교에서 관심을 두고 있다.

윌버의 사상이 자신들의 입장을 지지하고 변호해줄 수 있다고 보기 때문이다. 그러나 윌버의 사상만큼 자신의 입맛에 따라 다양하게 해석되는 사상도 없는 것으로 보인다. 특히나 종교영성의 비이성적 성격 때문에, 오히려 그들이 지지하는 윌버의 주요 개념 중 하나인 전초오류를 지지자들 스스로가 범하고 있는 사실을 종종 목도하게 된다. 이것이 이 글의 주요 목적은 아니나 이 글의 시도들이 켄 윌버의 AQAL 사상을 통전적으로 바라보게 해주는 하나의 계기가 되기를 바라마지 않는다.

이 글은 본래 한국연구재단의 지원을 받은 연구논문 과제이다. 12쪽짜리 논문으로 완결되어 학술지에 게재할 수도 있었지만, 이 연구를 통해 벌여놓은 것들이 너무 많아졌다. 따라서 그 범위를 한층 넓혀서 한 권의 책으로 출판하는 것이 좋겠다고 생각했다. 니시다 사상의 변천 과정, 니시다 초기 연구, 순수경험의 시기 전후의 영향사적 맥락, 주제의 다양성 등도 그러했지만, 논문을 준비하는 과정 속에서 많은 작업들이 행해졌다. 그 중에서도 〈『선의 연구』 간행 100주년기념 국제심포지엄〉 논문에 대한 분석, 코오사카 쿠니츠구, 케다 마사코 등의 『선의 연구』에 대한 주해 및 분석서 등에 대한 번역 작업, 니시다 사상의 초기부터 말기까지의 강의 노트를 집대성한 『철학개론』에 대한 분석 및 번역 작업 등이 손꼽을만한 주요한 작업이었다. 이 글에서는 이 작업의 결과들이 부분적으로 반영되어 있다. 추후에 기회가 생긴다면 이들 연구결과들이 각각 별개의 연구결과물이나 번역물로 세상에 드러날 수 있기를 소망해본다.

이 글이 책이라는 형식을 통해 출판될 수 있었던 것은 동연 출판사 김영호 사장님의 덕이 컸다. 많이 팔리는 대중적인 서적이 아닐 것임에도 불구하고, 책 제목이 주는 학문적 경직성에도 불구하고, 이 글이 갖고 있는 나름대로의 가치를 인정하여 필자의 제안을 흔쾌히 듣고 허락해주신 것에 대해 감사드리는 바이다. 동연 출판사의 무궁한 발전을 기원한다. 모쪼록 이 책이 한국에서의 교토학파와 니시다 사상에 대한 연구, 켄 윌버 사상에 대한 연구에 작은 도움이 되기를 바라는 마음이다.

2018년 7월 어느 날
산곡 동원 서재에서
언혜(言慧, logojna)

차 례

I. 들어가는 말

이 글은 교토학파 종교철학자 니시다 기타로의 사상에 대한 연구임과 동시에, 그의 사상을 통전사상가이자 통전심리학자인 켄 윌버의 사상의 빛에서 분석하고 조명하며 검토하고자 하는 연구이다.

니시다 기타로는 불교사상을 통해 서양 철학을 창조적으로 소화해냄으로써 동·서양의 사상적인 만남을 주체적으로 추구하였던 사람이며, 켄 윌버는 통전심리학, 더 나아가서 통전사상을 통해 동·서양의 (종교)사상적인 만남을 추구하였던 사람이다.

이 두 사람의 종교철학 내지 종교사상의 바탕에는 "의식"이 있다. 니시다는 의식 연구와 관련하여 불교의 선체험을 '순수경험', '자각' 등의 개념으로 이해하여 발전시켰으며, 이어 불교의 공(空)에 해당하는 그 근저(根底)를 '절대무'(絶對無), '장소'(Topos) 등의 개념으로 바꾸어 표현하고 재해석하면서 서양 철학과 소통할 수 있는 고유한 사상체계를 확립해 내었다. 그리고 이를 통해 존재 중심, 유(有) 중심의 서양적 사고방식의 한계를 짚어내면서, 동양의 근저 중심, 무(無) 중심의 사유를 철학적으로 표현하고자 하였다. 한마디로 말하면, 이 모든 것은 '순수경험'과 '자각'에 대한 연구였다고 할 수 있다.

동·서양의 수행 전통과 종교체험에 기반을 두면서, 통전심리학의 관점에서 의식 연구를 수행한 켄 윌버의 사상은 위와 같은 점에서 니시다를 분석하고 이해하는 기능을 수행한다. 특히 '프로이트와 부처의 결합'이라는 표현 속에서, 동양과 서양의 종교와 심리학을 통합하고자 했던 윌버의 통전적 의식 연구는 니시다가 추구했던 '순수경험'과 '자각'이 종교적, 심리학적인 의미와 한계를 이해하는데 중요한 역할을 수행한다. 그것은 '의식의 스펙트럼', '낭만적 회귀', '전초오류' 등의 윌버 초기의 개념은 물론, 그의 통전적 의식발달론을 바탕으로 점검하고자 한다. 특별히, 그것은 순수경험을 주객 미분의 상태로 이해했던 니시다의 주장에 대한 부분에 초점이 맞추어져 있다.

그런데 니시다의 이 핵심개념들에 대한 기존의 연구들은 거의 대부분 그의 수행적 체험에 그 초점이 맞추어져 왔다. 그래서 '순수경험이란 무엇인가', '자각이란 무엇인가' 하는 것이 연구의 주 대상이 되었다. 그러나 본 연구는 적어도 두 가지 점에서 다른 글들과 차별성을 갖고 있다. 하나는 형이상학적 접근이고, 다른 하나는 통일성 개념을 통한 접근이다. 전자는 의식 연구를 단순히 인간의 뇌 또는 인간의 정신 안에 있는 현상으로만 보는 것이 아니라, 의식현상을 세계의 전개과정으로 이해했던 니시다와 윌버의 사상적 의미와 한계에 대해 연구하고자 했다는 점이다. 또한 후자는 순수경험과 자각을 〈통일성〉의 관점에서 분석하고 해석하여 그 의미와 한계를 드러내고자 했다는 점이다. 그것은 니시다의 첫 저서인 『선의 연구』에서 보여주고 있는 바와 같이, '순수경험'의 근저에는 '통일성' 또는 '통일력'이 존재하고 있다는 판단 때문이다. 그리고 니시다의 '자각'으로의 전환 이후로부터 말년에 이르기까지 이러한 관점은 여전히 견지되고 있다는 판단 때문이다. 니시다는 이 통일성을 신이라고 불렀다. 그리고 그것은 "절대의 식", "절대무", "장소" 등으로 표현되었다. 이 점에서 본 연구는 니시다의 종교철학적, 신학적 함의를 끄집어내고자 했다. 특별히, 이것은 켄 윌버의 "통전"(Integration) 개념과 "홀라키"(Holarchy) 개념을 통해 니시다의 통일성의 의미와 한계에 대해 숙고하고자 했다. 그리고 이것을 통합사상에 터한 신학의 구축이 어떠한 의미와 한계를 갖게 될 것인가에 대해 지적해보기로 했다.

또한 본 연구는 단순히 니시다의 사상을 분석하고 해석하는 것에 그치지 않고, 그 의미와 한계를 지적하고자 했다. 그 비판은 니시다 사상이 갖고 있는 신비주의적, 미학적, 수행종교적인, 비윤리성, 비역사성에 대한 것들이다. 그러나 이 책에서는 단지 그 비판의 서론적인 언질만을 마지막 부분에 제기하는 선에서 마무리하였다. 이것에 대한 연구범위와 과제의 광범위함이 또 다른 별개의 연구과제를 수행하도록 요청하고 있기 때문이다.

훗날의 연구과제 중에 제일 중요한 것은 단연코 역사성에 대한 문제일 것이다. 왜 그토록 고매한 철학이 일본 군국주의 앞에서 무력할 수밖에 없었는가? 이것은 비단 니시다가 살았던 일제 침략기만이 아니라, 미·중·일·러 강대국의 국제적 역학 관계 속에서 21세기 대한민국을 살아가는 오늘의 우리들에게도 하나의 시사점을 제공해주고 있다고 생각한다. 필자는 그의 종교철학적 한계가 통일성을 전체주의를 위한 도구적 개념으로 전락시켰으며, 힘의 논리에 굴복하게 만들었다고 본다. 이 점에 있어서도 켄 윌버도 예외는 아니라고 본다. 그의 사상의 통합적, 통전적 관심이 〈모든 것의 이론〉이라는 기치를 들게 하였지만, 정작 켄 윌버의 통합론 안에 여성, 생태의 문제가 제안에만 머물렀을 뿐 구체화되지 못했으며, 또한 이 세계에서 신음하고 있는 구체적 현실, 역사, 윤리를 제대로 담아내고 있지 않다고 생각한다. 이것 역시 니시다 기타로와 켄 윌버 사상을 통해 우리가 비판적으로 배워나가야 할 부분일 것이다.

II. 니시다 사상과 심리학

  니시다의 사상에 대해 본격적으로 다루기에 앞서 반드시 선행되어
야 할 문제가 있다. 그것은 이 글의 연구방법처럼 과연 니시다의 종교
철학을 심리학적인 문제로 다룰 수 있는가 하는 점이다.

  2010년 교토 대학의 후지다 마사카츠(藤田正勝)가 〈『선의 연구』
간행 100주년기념 국제심포지엄〉의 기조연설에서 언급한 바와 같이,
니시다 기타로의 철학은 많은 사상과 대화하며 영향을 받았다. 예를
들어, 데카르트, 칸트, 훗설, 피히테, 헤겔, 토마스 힐 그린, 윌리엄 제
임스, 베르그송, 인도철학, 기독교, 불교, 성리학, 양명학, 야콥 베메,
에크하르트 등이 그들 또는 그 사상들이다.[1] 이 중에서도 칸트, 피히
테, 헤겔, 그린, 제임스, 베르그송, 선불교, 화엄불교의 영향력은 지대
하다.

  이러한 방대한 사상을 다룬 니시다의 사상의 주축은 단연코 철학

---

[1] 이 국제 심포지엄은 필자가 교토대학에 초빙외국인학자로 재직하며 연구 중이던, 2010
  년 12월 18일과 19일, 이틀 동안에 걸쳐 진행되었다.

과 종교다. 또한 실제로 많은 사람들이 니시다의 사상이 초기와는 달리 심리학의 문제와 결별하거나 멀어졌다는 주장을 해왔다. 또한 니시다의 사상을 심리학과 결부시켜 생각하는 경우에도, 그의 사상을 저명한 종교심리 철학자 윌리엄 제임스에게 초점을 맞추어 연구하는 것이 대부분이었다. 그러나 필자는 이러한 연구경향이 매우 부분적이었다는 점을 밝히고자 한다. 그리고 이러한 작업을 통해서 니시다의 사상을 심리철학적인 관점에서, 그것도 트랜스퍼스널한(초개인적인) 관점과 인티그럴한(통전적인) 관점에서 이해할 필요가 있다는 점을 밝히고자 한다. 그렇게 함으로써 켄 윌버의 인티그럴 사상(통전사상)을 통해 니시다 사상을 비판적으로 이해하고자 하는 본 연구의 정당성과 합리성을 획득할 수 있을 것이라고 생각한다.

1. '순수경험과 자각'이 차지하고 있는 위치와 의미

니시다 사상에 있어서의 '순수경험과 자각'이 차지하고 있는 위치와 의미는 다음에서 소개하고 제시하는 니시다 사상의 변천과정을 통해서 분명하게 인식할 수 있을 것이다.

코오사카 마사아키(高坂正顯)는 니시다의 사상을 3개의 시기로 나누어 설명한다. 『선의 연구』 출판 이후에서 보면, 크게 ① 〈선의 연구〉의 시기(순수경험) ② 〈자각에 있어서의 직관과 반성〉의 시기(자각) ③ 〈작용하는 것에서 보는 것으로〉 이후의 시기(장소)이다.[2] 여기

---

2 西田幾多郎/高坂正顯(編), 『哲學槪論』(東京: 岩波書店, 1953/1970), 221. 後記. 이

에서 우리는 '순수경험'과 '자각'이 니시다 제1기와 제2기를 대표하는 개념임을 알 수 있다.

니가타 노부카즈(新形信和)는 시기 구별은 위와 같으나, 『선의 연구』이전 시기를 더하여 모두 4개의 시기로 나누어 그 내용을 좀 더 길고 상세하게 서술하고 있다.[3] 다음은 이 서술을 보기 좋게 표로 정리한 것이다.

시기	주요 내용
① 〈계몽주의〉	- 칸트, 헤겔(1890~1894) / 무신론적과학지상주의 / 그린(1883~1885) / 참선생활(1896 이후)
② 〈선의 연구〉	- 순수경험, 직접지식, 유일 실재의 탐구 - 윌리엄 제임스의 영향
③ 〈자각에 있어서의 직관과 반성〉	- 직관, 반성, 자각의 관계 수립 - 피히테의 '사행' 개념의 원용 / '절대의식', '절대의지' 입장 - 니시다 사색의 악전고투의 시기 (반성의 문제, 자각의 문제의 딜레마)
④ 〈작용하는 것에서 보는 것으로〉	- '장소' 개념 수립 - '절대무'의 입장

니가타의 연구를 본 논문의 취지에 맞추어 보면, 먼저 니시다의 사상 형성에 있어서의 첫 과정(1890~1894)에서, 계몽주의의 영향으로 근대성, 이성, 과학주의, 무신론 또는 반종교적 입장을 갖고 있었으며, 또한 이성 또는 정신을 강조한 근대 철학자들인 칸트와 헤겔의 영

책은 니시다의 후학들이 그의 미출간 원고, 강의 노트 등을 모아서 편집 출판한 것이다. 니시다의 첫 저서인 『선의 연구』(1911)보다도 수개월 이른 시기에 시작하여 『작용하는 것에서 보는 것으로』(1927)보다 수개월 늦은 약 20년 간 집필한 내용이 담겨 있다..
3 미야카와 토루, 아라카와 이오쿠 편/이수정 옮김, 『일본근대철학사』(서울: 생각의 나무, 2001), 165-204.

향을 받고 있었다는 사실을 확인할 수 있다. 이러한 사실은 그의 첫 저서가 『선의 연구』였다는 사실을 새삼 상기시켜주며, 또한 이후의 그의 사상 전개에서 칸트와 헤겔 철학의 영향이 얼마나 지대했는가 하는 것도 새삼 느끼게 해주는 대목이다.

그럼에도 불구하고 우리가 흔히 간과하게 되는 사실이 있다. 그것은 바로 철학자 그린의 사상이다. 니시다는 그린의 철학을 통해 제1기의 계몽주의적 입장 또는 반종교적, 무신론적인 과학적 입장에서 벗어나 우주정신의 영적 실체, 초월적 주체를 주장했던 그린의 입장에 공감하게 되었고, 이후 참선활동에 전념하게 되었다는 사실을 잊어서는 안 될 것이다. 그린의 사상은 니시다의 사상이 순수경험의 세계로 진입하게 해주는 계기 및 촉발제가 되었던 것이라고 추정할 수 있다. 따라서 필자는 니시다의 사상이 왜 형이상학적, 심리학적 입장에서 해석되어야 하는가 하는 중요한 실마리를 제공해주고 있다고 생각한다.

위의 구분에 의하면, '순수경험'과 '자각'은 니시다 제2기와 제3기에 해당하는 것임을 알 수 있다. 그러면, 왜 본 연구는 다른 시기는 배제하고, 오직 '순수경험'과 '자각'에 국한하고 있는가? 그것은 본 논문의 연구과제가 심리학에 바탕을 둔 '의식 연구'이기 때문이다. 더군다나 단순한 개인심리학 연구가 아니라 형이상학적 심리학, 형이상학적 의식 연구를 그 연구 범위로 삼고 있기 때문이다. 이러한 점에서 필자는 니시다의 사상을 윌리엄 제임스의 심리학과의 관계를 연결 짓거나, 니시다 사상의 심리학과의 결별의 관점에서 다루고 있는 여타의 학자들의 관점과는 다른 차별성을 갖는다. 이상의 이유에 대해서는 왜 니시다의 사상을 형이상학적 심리학의 입장에서 다루어야 하는가 하는 것에 대한 설명에서 후술할 것이다.

또한 더욱 구체적인 개념의 변천과정에 대해서는『선의 연구』개정판(1936) 서문에서 니시다 스스로 밝힌 바 있다.[4] 여기에 약간의 내용을 첨부하여 알기 쉽게 표로 정리하면, 다음과 같다.

책 또는 논문	주요 개념	설명
선의 연구	〈순수의식〉	
자각에 있어서의 직관과 반성	〈자각, 직관, 반성〉, 〈절대의지〉, 〈절대의식〉	피히테의 事行을 매개로 (악전고투 시기)
작용하는 것에서 보는 것으로	〈장소〉	그리스 철학을 매개로 한 일전(一轉)
	〈변증법적 일반자〉	〈장소〉의 구체화
	〈행위적 직관〉	〈변증법적 일반자〉의 직접화 포이에시스의 세계 역사적 실재의 세계 순수경험의 세계
후기사상의 중심개념	〈절대모순적 자기동일〉	1935년 전후 무렵
장소의 논리와 종교적 세계관 〈최후 논문〉	〈역대응〉	죽기 직전(1936)

'순수경험'에 대해 다루고자 하는 본 연구의 방식에 대해서, 혹자들은 "왜『선의 연구』이후에는 다루지 않는 '순수경험'을 연구대상에 넣고 있는가"라고 물을 수 있을 것이다. 실제로, 다수의 연구가들은 니시다의 '순수경험' 개념이 급속히 모습을 감추었다고 말하고 있으며, 실제로 니시다 자신이 여러 곳에서 〈순수경험의 철학〉에 대해서

---

4 西田幾多郎/小坂國繼 全注釋,『善の研究』(東京: 講談社, 2006/2016), 23. 개정판 서문은 1936년 10월에 씀. 또한 西田幾多郎/安倍能成外(編),『西田幾多郎全集』1 (東京: 岩波書店, 1947), 6-7.

반성적인 평가를 남기고 있는 것도 사실이다.

그러나 본 연구는 『선의 연구』 개정판 서문(1936. 10)에서 니시다 스스로가 자신의 사상 안에 여전히 순수경험의 세계가 상존해 있다고 언급하고 있는 점에 대해 주목한다.[5] 즉 순수경험이라는 개념이 사라 졌다고 하는 측면에서는 불연속적이지만, 여전히 그 의미가 살아 있 다고 하는 점에서는 연속적이라고 볼 수 있는 것이다. 또한 모리츠(守 津隆)의 연구는 니시다의 만년의 논문에서 볼 수 있는 언어의 자취들 이 『선의 연구』의 곳곳에서 산발적으로 발견되고 있다는 사실을 보여 주고 있는데,[6] 이러한 연구는 니시다의 초기 개념 또는 초기 사상이 완전히 사라지거나 뒤바뀐 것이 아니라, 연속적으로 계승 발전되어 간 것이라는 사실을 뒷받침해주는 근거들이라고 할 수 있다. 물론 초 기단계와는 달리 역사적 실재의 세계가 그의 사상 안에서 중요한 기 제로 작용하고 있다는 점에서 중대한 차이점을 갖고 있다.

이상에서 본 것처럼 니시다의 사상적 변천과정에 대한 시기 구분 은 학자마다 조금씩 차이가 있는 것을 볼 수 있다. 따라서 이 글에서는 코오사카 마사아키의 시기구분에 따라 니시다 제1기를 〈순수경험의 시기〉, 니시다 제2기를 〈자각의 시기〉, 니시다 제3기를 〈장소의 시 기〉로 나누어 설명하되, 순수경험의 시기 이전을 〈니시다 초생기〉로 덧붙여 설명하고자 한다. 이 구분은 제1기에서 제5기에 이르는 켄 윌

---

5 같은 책, 23-24. "이 책에서 직접경험의 세계라든가 순수경험의 세계라든가 하는 것은 지금은 역사적 실재라고 생각하게 되었다. 행위적 직관의 세계, 포이에시스의 세계야말 로 참으로 순수경험의 세계인 것이다."
6 守津隆, "『善の研究』と後期西田哲学", "『善の研究』刊行 100周年記念 國際シンポジ ウム 發表論文(京都: 京都大學文學研究科, 2010. 12.18), 1.

버 사상의 구분과 더불어 니시다 사상을 시기별로 이해하는데 있어서 도움이 될 것이다.

2. 순수경험 이전의 맹아(萌芽)적 관심

니시다의 첫 저서인『선의 연구』는 〈순수경험〉의 문제에서 출발하며 그 중핵을 이루고 있다고 보는 것이 옳을 것이다. 그런데 니시다의 '순수경험'이나 '자각'의 문제를 다룰 때에, 지금까지의 연구들은 대체로 윌리엄 제임스와의 관련성에 대해 언급하며 논의를 시작했다. 이에 대한 니시다의 언급은 주로 그의『철학개론』강의 노트와『선의 연구』에 서술되어 있다.

예를 들어, 이찬수는 니시다가 윌리엄 제임스의 '순수경험'(pure experience)의 개념에서 영감을 얻고 그 언어를 다시 빌려와서 자신의 선불교적 체험을 논리화해 나갔다고 주장한다. 특히, 주객미분의 경험과 관련해서 그렇다는 것이다.7 이러한 주장은 니시다의 첫 저서『선의 연구』에서 니시다가 순수경험을 설명하기 위해 주객미분에 대해 설명하고 있는 부분을 인용한 것이다.

이러한 접근은 니시다의 첫 저서인『선의 연구』가 보여주고 있듯이, 그의 초기 사상의 형성에 있어서 제임스의 심리학의 영향을 많이 받았다고 하는 사실에서 일면 타당하다. 그러나 이러한 단순한 접근

---

7 이찬수, "교토학파의 자각이론: 니시다 기타로를 중심으로,"「원불교사상과 종교문화」
　50(2011.12), 276.

은 다른 많은 부분들을 놓치고 있는 것도 사실이다.

어떤 이들은 니시다가 심리학과 결별했다고까지 주장한다. 하지만, 필자가 연구한 바에 따르면, 이러한 주장은 잘못된 것이다. 심리학에 대한 관심은 간접적으로는 멀리 그린의 형이상학으로까지 그 기원을 거슬러 올라갈 수 있으며, 직접적으로는 제임스의 심리학을 언급하기 이전인 분트의 심리학에 대한 연구로까지 거슬러 올라갈 수 있다.

이에 대해서 알기 위해서는『선의 연구』형성 이전의 논문을 살펴볼 필요가 있다. 그렇게 함으로써, 그의 '순수경험'이 어떠한 사상적 영향 아래에서 형성되었는가에 대해서 알 수 있을 것이기 때문이다.

다음에 제시하는 논문들이 그것들인데, 이 논문들의 내용은 일부 수정되기도 하며 어떠한 형식으로든『선의 연구』에 반영되어 있다: "그린 윤리철학의 대의"(1985), "심리학강의"(1905.02), "윤리학초안 제1"(1905.08), "윤리학초안 제2"(1906.03), "실재"(1906.12), "선"(1907. 04), "순수경험"(1908.06), "종교"(1909.05) 등.

이 논문들을 보면, 이 시기의 니시다의 관심이 형이상학과 심리학에 집중되어 있었음을 알 수 있다. 여기서 착각하지 말 것은 논문제목으로 등장하는 "윤리학"이라는 단어가 오늘날의 도덕을 가르치는 윤리학이 아니라는 점이다. 스피노자의『에티카』(*Ethica*)가 신의 〈자기원인〉에 대한 정의(definition)로부터 출발하는 "형이상학"을 가리키고 있듯이 말이다.[8]

심리학과 형이상학을 다룬다는 것은 무엇을 의미하는 것일까? 필

---

8 에티카의 원래 제목은 "*Ethica Ordine Geometrico Demonstrata*"이다. 즉, "기하학적 질서에 따라 논증된 에티카"이다. 스피노자/차근호 옮김, 『에티카』(서울: 혜원출판사, 1991).

자는 니시다의 이러한 관심을 〈의식의 형이상학〉에 대한 관심이었다고 말할 수 있지 않을까 한다. 니시다의 모든 논문은 "의식"(意識)을 다룬다. 철학자로서의 니시다는 형이상학을 다루고, 의식 연구자로서의 니시다는 심리학에 관심을 기울이며, 수행적 체험을 중시했던 니시다는 종교를 주제로 삼았던 것이라 할 것이다.

니시다의 "윤리학초안 제1"에 대한 나카지마의 연구는 니시다가 이 시기에 의식, 무의식, 자기의식, 개체성, 캐릭터(character), 의식의 통일작용 등의 개념에 얼마나 집중하고 있었는가 하는 것을 잘 보여준다. 또한 이러한 관심을 반영하듯, 그의 연구에는 분트의 심리학과 과학, 회프딩(Höffding)의 무의식론 등 심리학적인 관심이 주요한 내용을 이루고 있다.[9] 니시다에게 종교, 철학, 심리학은 불가분리의 관계에 있었던 것이다.

심리학적으로는 분트의 심리학(개인성과 자기의식), 윌리엄 제임스의 심리학(종교심리학, 의식의 흐름)[10] 등이 대표적이다. 분트의 심리학(1905)[11]은 『선의 연구』 출간(1911) 이전인 초생기 니시다 사상 형성 과정에 영향을 미쳤다. 그러나 이후 니시다는 과학지상주의를 버린 것과 마찬가지로, 분트의 경험과학적 심리학의 입장을 떠나게 된다. 이러한 변화는 유물론적 원자론의 입장에서 종교는 망상이라고까지

---

9 中嶋優太, "意思の自由と理想: 〈倫理学草案〉を手がかりとし," 『善の研究』刊行100周年記念國際シンポジウム發表論文(京都:京都大學文學研究科, 2010. 12.18), 1, 3-9. 〈개인성과 분트의 자기의식〉(3-6), 〈그린의 자유의지론〉(6-7), 〈회프딩의 무의식적 본성〉(7-9).

10 William James, *The Principle of Psychology*, vol. 1, Dover Publications, 1950, 243.

11 『심리학강의』, 1905.

생각했던 청년 니시다가 선불교의 체험을 경험한 후 이성주의, 계몽주의, 과학주의를 넘어서서 수행적 종교, 형이상학적 철학에서 진리를 찾고자 했던 일련의 입장 변화의 맥락(역대응적 대응)[12]과도 맞닿아 있었음을 알 수 있다.

결론적으로 말해, 우리가 주목해야 할 사실은 니시다의 사상이 초생기부터 심리학과 형이상학이 결부된 채로 발생되고 있었다고 하는 점이다.

---

12 미야카와 토루/아라카와 이오쿠 편, 『일본근대철학사』(2001), 169-170, 177-182.

III. 순수경험의 문제에 있어서의 철학과 심리학

1. 〈순수경험〉 이전의 사상적 영향

니시다 기타로의 『선의 연구』는 〈순수경험〉의 문제에서 출발하며 그 중핵을 이루고 있다고 보는 것이 옳을 것이다. 그런데 이 〈순수경험〉이란 무엇인가? 이를 위해 이에 대한 논의에 앞서 『선의 연구』 형성 이전의 논문들을 살펴봄으로써, 니시다 사상이 어떠한 사상적 영향 아래에서 형성과정을 거쳐 왔는가 하는 것에 대해 살펴보는 것도 의미가 있을 것이다. 즉 〈순수경험론〉 형성 이전의 니시다 사상의 사상적 맥락을 살펴보고자 하는 것이다. 나카지마 유우타(中嶋優太)는 『선의 연구』 형성 이전의 논문들 중에서도 특히 「윤리학초안 제1」 중 제2장 [의사](意思) 8절 [의지의 자유]에 대한 논의에 주목함으로써 이 문제에 접근한다.[1] 그중에서도 특히 일본어로 품성(品性)이라는 뜻을 지시하는 단어 캐릭터(character)[2]를 둘러싼 맥락에 대해 집중

---

1 中嶋優太, "意思の自由と理想: 〈倫理学草案〉を手がかりとし," 2.

적으로 분석해 들어간다. 그 이유는 니시다가 캐릭터라는 말을 사용해 의지의 자유에 대하여 말하고 있기 때문이다. 나카지마는 이 캐릭터를 둘러싼 당대의 세 가지 (서구)사상적 맥락에 대해 짚어본다. 그것은 앞서 서술한 바와 같이 ① 분트(Wundt)의 심리학과 과학적 맥락 ② 그린(Green)의 이상주의, 이성주의적 맥락 ③ 회프딩(Höffding)의 무의식론 맥락이다.3 즉 이는 니시다의『선의 연구』에 있어서의 〈순수경험〉 형성 직전의 니시다의 문제의식에 이들 사상이 적지 않은 영향을 주었다는 점을 보여주고 있는 것이다. 지금 이 시점에서는 이에 대하여 상세히 논하기 어렵다. 이 글의 현재의 관심이 단지 니시다 사상 형성의 맥락을 알아보고자 하는 것이기 때문이다. 다만, 그럼에도 불구하고 간단하게나마 언급하지 않을 수는 없을 것이다. 나카지마는 이것을 〈개인성과 분트의 자기의식〉(中嶋優太, 3-6), 〈그린의 자유의지론〉(中嶋優太, 6-7), 〈회프딩의 무의식적 본성〉(中嶋優太, 7-9)이라는 소제목과 〈경험-과학과 형이상학-철학〉(中嶋優太, 9-11)이라는 소제목에서 더욱 상세히 다루고 있다. 여기서는 자기의식, 의식의 통일작용, 개체성, 캐릭터(中嶋優太, 4), 캐릭터와 무의식적 본성과 개인성의 일치, 의식에 대한 캐릭터(무의식적 본성)의 포괄성(中嶋優太, 8) 등에 대해 다루고 있으며, 또한 경험-과학적 심리학과 형이상학적-철학적 심리학을 구분하는 분트의 구분에 따라 니시다에게 이 양자가 어떠한 의미로 작용하고 있는지에 대해 언급하고 있다.4

---

2 같은 논문 3페이지에는 이 말을 "내면적 성질"이라는 말로 바꿀 수 있다고 말하고 있다. 또한 4페이지에는 "의식활동의 근기가 되는 관념의 체계"라고 정의하고 있다. 또한 8페이지에서는 "우리의 본성"이라고 말하고 있다.

3 中嶋優太, "意思の自由と理想: 〈倫理学草案〉を手がかりとし," 1.

또한 나카지마는 이 시기의 니시다가 초월적 주체와 초월적 작용을 핵으로 하며 의지를 특별한 영적 실체의 작용으로 보며 개별적인 경험으로 환원할 수 없는 초월적 하나인 존재를 인정하는 그린의 형이상학적-철학적 심리학이 아니라, 요소주의·경험주의·구성주의에 입각한 분트의 경험적-과학적 심리학의 입장을 택했다고 본다.[5] 그러나 니시다의「윤리학초안 제1」의 다른 장절들의 내용이 반드시 그런 것만은 아니라고 하는 다소 애매하고 모호한 나카지마의 언급은 『선의 연구』 전후를 둘러싼 니시다의 사상적 맥락과 연계성을 파악하는 데 있어서 불충분하거나 실패한 것이 아닌가 하는 생각이 든다. 그리고『선의 연구』에서의 니시다가 분트의 입장 대신 〈순수경험〉이라고 하는 독자적인 사상에 입각해서 이상적, 보편적 존재, 초시간적 통일력을 인정하는 형이상학적-철학적 입장을 취해나가면서 이 양자의 대립구도를 초월하려고 했으며 이것의 성패가 순수경험론의 성공 여부를 가름하는 것이라는 말로 글을 급하게 마무리하고 있는 나카지마의 결론도 그의 글을 읽는 독자로 하여금 그가 말하고 있는 선후의 논리를 잘 이해할 수 없게 만들고 있다. 즉 분트의 입장을 택한 앞서의 니시다 사상과 순수경험의 직접지를 말하고 있는 니시다의 사상이 왜 다른가를 설명해내고 있지 못하고 있는 것이다.

그러나 그 여부와는 상관없이 우리가 나카지마의 글을 통해 알 수 있는 것은 니시다의 철학이 단지 관념철학만이 아니라 당대에 논의되고 있던 심리학 내지는 철학적 심리학과 무관하지 않다고 하는 선이

---

4 같은 글, 3-8.
5 같은 글, 7; 10.

해를 얻을 수 있었다고 하는 점이다. 이 점에 대해서는 앞으로 더욱 상세한 연구가 진행되어야 하리라고 생각한다.

2. 데카르트의 합리론, 훗설의 현상학에 비추어 본 토대 주의로서의 〈순수경험론〉

사실 철학에서 경험이란 앎의 문제, 인식의 문제에 있어서 매우 중요한 개념이다. 감각적 앎, 지각적 앎, 이성적 앎 등등. 또한 우리 경험, 타자 경험, 신비 경험, 종교 경험 등등. 경험의 다양성만큼이나 많은 철학이 생겨날 수 있다. 홍콩 중문(中文)대학 짱쩡위엔(張政遠) 교수는 바로 이러한 앎의 문제로부터 논의를 시작한다.

그러면 순수경험이란 무엇인가? 이 물음에 대한 응답을 짱쩡위엔은 신비주의에 대한 규정에서부터 찾고 있다. 실제로 니시다 기타로에 의하면, 전통적인 서양의 인식론 철학인 경험론과 합리론을 설명한 후, 신비주의라는 제3의 길이 있다는 점을 강조한다.[6]

경험론이란 인식의 기원이 경험에 있다고 하는 것, 합리론이란 사유에 있다고 하는 것, 신비주의란 일상의 경험이나 사유 이상의 일종의 신비적 직관에 있다고 하는 것이다. 따라서 신비주의는 직관주의라고 말해도 좋다.[7]

---

6 그의 강의 노트의 집대성인 『철학개론』이 이러한 구도로 구성되어 있다.
7 西田幾多郎/安倍能成外(編), 『西田幾多郎全集』15(東京: 岩波書店, 1947), 88. 재인용. 張政遠, "経験をめぐって," 『善の研究』刊行100周年記念國際シンポジウム 發表

신비주의란… 전체를 직관하려고 하는 것이며, 거기에서 지식이 성
립하는 내적 권위, 내적 근거를 찾으려고 하는 것이다.[8]

이를 통해 알 수 있는 것은 니시다의 순수경험이라고 하는 것이 일
종의 신비적 직관과 관련된 것이라는 점이다. 그런데 짱쩡위엔은 이
러한 니시다의 순수경험을 데카르트, 훗설의 사상과의 비교를 통해
그 의미를 찾고 있다. 그는 먼저『선의 연구』에서의 니시다의 말을 인
용한다.

데카르트의 〈나는 생각한다. 그러므로 나는 존재한다〉가 추리가 아
니라, 실재와 사유를 합일시키는 직각적 확실(確實)을 잘 표현한 것
이라고 한다면, 나의 출발점과 동일한 것이다.[9]

짱쩡위엔은 니시다와의 비교를 위해, 〈cogito, ergo sum〉이란 표
현은 데카르트의『성찰』에 존재하지 않으며,『제2 성찰』에서 증명된
제1의 진리가 〈ego sum ego existo〉 즉 〈나는 있다, 나는 존재한다〉
임을 말한다.[10] 즉 이 진리는 추론이 아니라고 데카르트가 강조했다
는 것이다(이 점으로 보아서는 데카르트가 추론이 아닌 직관을 이야기하는
것이라고 생각할 수도 있다). 그런데 니시다는『선의 연구』에서 자신의

論文(京都: 京都大學文學硏究科, 2010. 12. 18), 1.

8 西田幾多郎/安倍能成外(編),『西田幾多郎全集』15(1947), 113. 재인용. 張政遠, "経
　験をめぐって," 1-2.

9 같은 글, 3.

10『방법서설』에 있는 〈cogito ergo sum〉은 프랑스어로 "je pense, donc je suis",
　〈ego sum ego existo〉는 "je suis, j'existe"이다.

출발점이 〈코기토 에르고 줌〉도 아니라면 〈에고 숨 에고 엑시스토〉
도 아니며, 오히려 〈순수경험〉이라는 입장이라고 말한다.

경험한다는 것은 사실 그대로 안다는 뜻이다. 완전히 자기의 세세한
작업을 버려 사실에 따라 아는 것이다. 일상에서 경험하고 있는 것도
실은 어떤 사상이 섞여 있는 것이기 때문에, 순수라고 하는 것은 털끝
만큼도 사려분별을 더할 수 없는 참으로 경험 그대로의 상태를 말하
는 것이다.[11]

이것이 말하는 것은 무엇인가? 무엇이 데카르트와 니시다를 가르
는 차이일까? 필자는 니시다와 짱쩡위엔의 말을 통해서 이 점에 대해
이렇게 생각한다. 즉 직관이라고 하는 점에서는 데카르트와 니시다
가 공유점을 가지고 있으나, 자아와 비자아라는 측면에서 서로 입장
이 다르다. 즉 데카르트의 직관적 사유에서는 여전히 〈자아〉(ego)가
강조되어 있으나, 니시다의 직관적 사유에서는 자아가 아니라 완전
히 자기를 버린 〈사실 그대로의 앎〉이 강조되어 있는 것이다. 즉 데카
르트 식으로 빗대어 니시다의 입장에서 말한다면, 의심할 수 없는 가장
선재적인 것은 (순수한) 〈자아〉가 아니라 (순수한) 〈앎〉(경험) 그 자체다.

이러한 점은 니시다가 경험을 개인적인 경험이 아니라 초개인적인
경험으로 강조했다고 하는 짱쩡위엔의 언급을 통해서도 다시 한 번
확인할 수 있다. "개인이 있어 경험이 있는 것이 아니라, 경험이 있어
개인이 있는 것이다. 개인적 구별보다 경험이 근본적이다"[12]와 "개인

---

11 『西田幾多郎全集』1(1947), 9-10. 재인용. 張政遠, 4.

적 경험이란 경험 중에서 한정된, 경험의 특수인 하나의 작은 범위에 불과하다"[13]는 니시다의 말은 〈의식〉이 〈나의 의식〉이 아니며, 〈초개인적인 경험〉을 강조한 것이다.[14]

영어로 〈transpersonality〉(초개인성 또는 자아초월)로 표현되는 다소 어렵게 느껴지는 이 말은 〈초아〉, 〈무아〉라는 개념에 익숙한 동양권에서 보면 오히려 이해하기 쉽다. 그런데 짱쩡위엔에 의하면, 데카르트에게 이러한 초개인성이 있는데, 그것은 바로 〈신의 존재〉이다.[15] 그러나 기독교의 신이나 데카르트의 신을 니시다가 말하는 초개인성과 동일시할 수 있을까?

짱쩡위엔은 이제 훗설의 현상학과의 비교를 시도한다. 신-데카르트주의자로서의 훗설과 니시다 사이에는 어떤 접점이 있는가? 그는 이 접점이 〈경험의 현상학〉이라는 점에 있다고 주장한다. 『선의 연구』에서의 니시다의 입장은 경험하는 나를 강조하는 경험론도 사유하는 나를 강조하는 합리론도 아닌, 주객미분의 경험으로 돌아가는 입장이다.[16] 그는 니시다의 철학을 직접경험의 명증성을 인정한 현상학으로서 이해할 수 있다고 본다. 하지만 니시다의 철학은 이후 경험이라는 개념에서 직관이나 논리라는 개념으로 한층 더 변화한다. 즉 니시다의 철학이 경험으로 환원하는 현상학이 아니라, 사회적 역사적 차원에 대한 철학으로 변화해갔기 때문이라는 것이다.[17] 필자는 이것을

---

12 같은 책, 4.
13 같은 책, 28.
14 張政遠, "経験をめぐって," 4.
15 같은 글, 5.
16 그것은 고대 에피쿠로스학파의 에포케(epoche), 유학의 '경(敬)' 사상 등에서 볼 수 있는 일종의 〈판단중지〉를 통한 것이다.

이렇게 이해한다. 순수경험을 중심으로 한 경험의 현상학으로서의 니시다 사상은 경험이라는 언어가 가진 한계를 넘어서 직관의 세계로, 그리고 직관의 세계를 넘어서 실천의 세계로 발을 디디는 과정을 겪은 것이라고 말이다. 이 문제는 행위적 직관과 역사성에 대한 니시다 후기 철학에 대한 검토가 있어야만 더욱 분명하게 드러날 부분이다.

짱쩡위엔은 결론적으로 기초주의자(foundationalist: 토대주의자)인 데카르트나 훗설과 마찬가지로 니시다의 사상도 기초주의자로 이해할 수 있다고 주장한다. 니시다에겐 데카르트나 훗설처럼 경험이 아니라 순수경험이 아르키메데스의 점[18]이긴 하지만 말이다. 그러나 한편으로 짱쩡위엔은 근대 이후의 철학자들이 지식의 〈궁극적 기초 짓기〉라는 목적을 두어왔음에도, 그러한 시도가 과연 타당한 것인가를 되묻고 있기도 하다. 즉 순수경험으로부터 출발하여 지식, 도덕, 종교 등의 기초를 세우려고 하는 시도에 대해 다시금 생각해보아야 할 필요가 있다고 하는 것이다.[19]

---

17 張政遠, "経験をめぐって," 7.

18 기원전 3세기 그리스 수학자 아르키메데스는 '움직이지 않는 한 점'만 주어진다면 그 점을 받침점으로 삼아 지렛대를 이용하여 지구를 들어 올리겠다고 주장하였다. 여기서 비롯하여 이제 움직일 수 없는 확실한 지식의 기초, 모든 지식을 떠받치고 있는 근본적인 토대를 일컬어 '아르키메데스의 점(点)'이라 부른다. 데카르트는 스스로 명백한 진리, 모든 철학의 기초가 될 수 있는 진리를 제1 원리라고 하고, 이를 '아르키메데스의 점(点)'이라 하였다. 그리고 그는 이러한 제1 원리를 찾기 위하여 '방법론적 회의'를 시도하였다. 우리들이 소유한 모든 지식을 일단은 의심하여 더 이상 의심하려 해도 의심할 수 없는 명확한 진리에 도달하려는 것이 데카르트의 의도였던 것이다. 그리하여 그는 모든 것을 의심하더라도 더 이상 의심할 수 없는 것을 찾았다. 그에겐 의심하고 있는 나 자신과 의심한다는 사실, 이들 두 가지는 의심할 수 없는 것이었다. 이러한 사실에 대한 단적인 명제가 "나는 생각한다. 고로 나는 존재한다"(Cogito, ergo sum)이다.

19 張政遠, "経験をめぐって," 8.

이 물음은 상당히 중요하다. 플라토니즘, 불교, 유교, 힌두교 등 동·서양을 막론한 근대 이전의 철학, 종교들이 주장했던 순수선의 선재성, 순수 앎의 선재성에 대한 주장이 아무리 이상적이기는 해도, 그것을 토대로 모든 것을 세우려 했던 시도는 현대적 관점에서 볼 때 비단 니시다뿐만이 아니라 이들 모두에게 던져질 수 있는 물음이기 때문이다. 토대주의, 순수주의, 원형주의 등의 의미를 철학적, 심리학적, 신화학적인 의미에서 새롭게 재조명하는 작업과 아울러, 그것이 주었던 한계를 비판하고 있는 주장들의 시각을 적극적으로 검토하고 수용하는 작업도 필요하다 할 것이다.

3. 순수경험 시기의 심리학: 분트와 제임스의 심리학

순수경험의 시기는 니시다 사상의 본격적인 출발을 알리는 그의 첫 저서『선의 연구』를 출판한 시기다. 순수경험이란 개념은 이 책의 중핵을 이루는 핵심개념이었다. 그렇지만 이 개념은『선의 연구』이후에 급속히 사라진다. 하지만 그렇다고 해서 이 개념이 의미가 없다는 것이 아니다. 오히려 그 반대이다. 순수경험은 동시에 이후의 니시다 사상 전반에서 여전히 살아 숨 쉬고 있는 개념이기 때문이다.

니시다가 분트의 경험과학적 심리학의 입장을 떠났다고 할지라도, 오히려 형이상학적 심리학을 구축하는데 있어서는 분트의 심리학의 입장을 반영하고 있다. 이러한 반영은 때로는 자신의 입장을 주장하기 위한 하나의 부분이 되기도 하고, 또한 반대로 자신의 의견과 대립되는 언급을 할 경우나 비판적인 입장을 드러낼 때에도 사용되고 있다.

예를 들어, 니시다는『선의 연구』[제4장 지적 직관] [제2편 실재]
[제2장 의식현상이 유일의 실재다]에서, 감각의 차별 또는 감각의 차원
의 체계의 분화과정을 설명하기 위해서 분트의 설명을 차용하고 있
다.[20] 또한『선의 연구』[제1장] [제1편 순수경험] [제1장 순수경험]에
서, 순수경험의 통일성을 설명하기 위해, 역으로 이와는 대립되는 개념
인 판단이 복잡한 표상의 분석에 의해서 일어나는 것임을 예로 들고 있
다.[21]

월리엄 제임스의 경우는 어떠한가? 제임스의 심리학에 대한 니시
다의 언급은 바로 이 순수경험의 시기에 두드러지게 등장한다. 물론
비슷한 시기의 그의 〈철학개론 노트〉에도 등장한다. 그러나 이러한
구분은 별 의미가 없다. 거의 비슷한 시기의 생각이 하나는 노트로,
다른 하나는 저서로 반영되어 있을 뿐이기 때문이다.

예를 들어, 니시다는『선의 연구』[제1편 제1장]에서, 직접 지식과
간접 지식을 구분하는 분트의 설명에 이의를 제기한 후, 순수경험이란
"어떠한 의미도 없는 사실 그대로의 현재 의식"임을 주장하고, 그 근거
로 월리엄 제임스의『심리학 원리』와『순수경험』에서의 서술을 인용
하여 모든 정신현상이 순수경험의 사실이라고 주장하고 있다.[22]

또한 같은 책에서 니시다는 의식이 실체가 아니라는 것을 설명하
기 위해 의식의 흐름에 관해 설명하고 있는데, 이는 코오사카 쿠니츠
구(小坂國繼) 교수의 주해가 지적하고 있는 바와 같이, 월리엄 제임스

---

20 西田幾多郎/小坂國繼(編),『善の研究』(2006), 149-150.
21 같은 책, 44. 순수경험은 무의식적인 것이고 판단은 유의식적인 것이기도 하다. 또한
　순수경험은 미분별지이며 판단은 분별지이다.
22 같은 책, 30-33.

의 의식의 흐름에 관한 주장을 인용하고 있는 것이다.[23]

그러나 니시다는 제임스 심리학의 절대적인 옹호자가 아니다. 니시다는 순수경험이 순수한 이유는 단일함에 있어서도, 분석할 수 있음에서도, 순간적임에 있어서도 아니고, 원래부터 하나의 체계를 구성하고 있는 통일에 있다고 주장하고 있는데, 이에 대해 코사카 쿠니츠구는 바로 이 점에서 니시다가 제임스와 다르다고 주석하고 있다.[24] 즉 '모자이크 철학' 또는 '복수의 사실의 철학'이라고 불렀던 제임스와 달리, 오히려 피히테나 헤겔과 같은 관념철학자들의 사유에 더 가깝다고 말이다. 이러한 언급은 무엇을 말해주는 것일까? 이것은 니시다가 제임스 류의 개인주의 심리학의 입장과 애초부터 판이하게 다른 입장을 갖고 있었다고 하는 점을 시사해주고 있는 것이라고 보아야 한다.

또한『선의 연구』출판과는 별도로 작성된 것으로 보이는 니시다의 노트가 거의 원형 그대로 발견되었는데, 이 노트에서도 〈순수경험〉을 설명하는 과정에서 '사유도 경험'이라는 제임스의 말을 인용하고 있다.[25] 또한 경험을 질적으로 비연속적인 것으로 보았던 인물로 르노와르와 제임스를 꼽으면서, 이에 대해서 니시다는 순수경험이란 〈자발적 질적으로 연속적인 변화〉임을 주장하고 있다.[26] 하지만 역으로 "전체가 그 일부분부터 나타나고 서서히 그 전체를 실현한다"는

---

23 같은 책, 44

24 같은 책, 36.

25 이 내용은『철학개론』의 [부록 제2]에 수록되어 있다. 西田幾多郎/高坂正顯(編),『哲學槪論』(東京: 岩波書店, 1953/1970), 179.

26 西田幾多郎/高坂正顯(編),『哲學槪論』(東京: 岩波書店, 1953/1970), 183-184.

순수경험의 활동 방식(Urteilen der Gesamtvorstellung: 전체표상의 분할)을 설명할 때에도 제임스의 "That is on the table"이라는 예를 인용하고 있다. 즉 전체가 먼저 나타나고, 그것이 분화 발전하는 것이라는 것이다.[27] 이렇듯, 제임스의 심리학이 이 시기 니시다의 사상에 긍부정적으로 상당히 반영되어 있음을 볼 수 있다.

이러한 고찰로 보아, 이 시기 니시다는 분트, 제임스 등의 심리학의 영향을 많이 받고 있으면서도, 한편으로는 자신의 주장의 정당한 근거로 활용하기 위해 인용하면서 다른 한편으로는 자신의 주장과 다른 점을 부각시키기 위한 비판의 대상으로 삼고 있었음을 알 수가 있다.

4. 순수경험 이후의 심리학: 심리학적 관심의 암묵적 지속

혹자는 니시다의 사상이 〈선의 연구 시기〉 이후, 심리학적 관심에서 벗어나 역사적 관심으로 옮겨져 갔다는 이의를 제기할 수 있을 것이다. 이러한 주장을 뒷받침할 수 있는 것은 니시다의 관심점이 〈선의 연구〉 시기의 심리적 관심에서 〈행위적 직관과 자각〉의 시기의 역사적 관심으로 옮겨갔다고 하는 사실 때문이다. 일면 타당한 주장이다.

하지만, 그렇다고 해서 그의 역사적 관심이 역사 속에서의 사회철학적 또는 정치철학적 관심이었다고는 할 수 없다. 헤겔이나 그린과 마찬가지로 그의 관심의 범주는 여전히 관념론적이고 여전히 존재론적이다. 또한 더 중요한 것은 그가 〈선의 연구〉 이전의 시기부터 이미

---

27 같은 책, 185.

주장했던 철학적 심리학 또는 심리학적 철학이라는 그의 기본적인 틀은 그의 모든 생애에 걸쳐 일관되게 유지되고 있는 사상적 근본틀이라고 해야 옳을 것이다.

예를 들어, 분트에 대한 언급은 니시다의 강의 노트 모음집인 『철학개론』의 [부록 제4 실재]의 편에도 언급되어 있는데, 이는 대정 13년(1924년)에 쓴 것이므로, 니시다의 〈순수경험〉의 입장이 아니라, 〈자각의 시기〉에 서술한 것이다. 그것은 철저하게 논리학에 바탕을 둔 것으로, 실재란 주어도 술어도 아니며 계사라고 주장하는 과정 속에서 헤겔의 〈구체적 보편〉(konkret Allgemeines), 피히테의 〈사행〉, 쉘링의 〈지적 직관〉(Intellektuelle Anschauung) 등의 개념과 함께, 분트의 〈전체표상〉(Gesamtvorstellung)을 설명하고 있는 내용을 담고 있다.[28] 이것으로 보아, 니시다는 분트의 경험과학적 심리학의 입장을 떠나 형이상학적 심리학의 입장에 섰으나, 이후에도 분트의 이론을 전면적으로 부인한 것이 아니라 여전히 효용가치가 있는 것들은 적극적으로 원용하고 있음을 명백히 알 수 있다.

월버와 마찬가지로 니시다의 사상이 심리학적 관심에서 벗어날 수 없는 이유는 의식, 즉 '지혜' 또는 '깨달음'을 추구하는 수행종교의 영성을 그 사상적 모체로 삼고 있기 때문이라고 보아야 할 것이다.

결론적으로 말해, 니시다의 사상은 명시적이든 암묵적이든 그 스스로가 분트의 형이상학적 심리학이란 용어에 대하여 철학적 심리학이라고 불렸던 그 심리학적 기반 위에 그 자신의 형이상학, 종교철학을 전개해나갔던 것이라고 할 수 있다.

---

28 같은 책, 218-219.

IV. 니시다의 철학적 심리학과 윌버의 통전심리학의 접점

우리는 앞에서 니시다의 사상을 심리학적으로 이해하는 것이 가능한가에 대한 근거들에 대해 살펴보았다. 또한 니시다의 사상에 있어서 심리학이 차지하고 있는 위치와 영향에 대해서도 살펴보았다. 이제 문제는 니시다의 심리학이 어떠한 성격을 가지고 있으며 또한 그것이 통전적 의식 연구와 어떠한 접점을 갖고 있는가 하는 것에 대한 것이 되어야 할 것이다. 이 점은 니시다의 사상을 켄 윌버의 통전심리학을 통해 조명하고 진단하며 비판할 수 있는가 하는 것을 말한다.

1. 의식 연구와 심리학적 연구

니시다의 사상은 다음과 같은 점에서 심리학적인 특징들을 갖고 있다고 할 수 있다. 또한 이러한 특징들은 왜 니시다의 사상이 트랜스퍼스널 심리학, 통전심리학, 형이상학적 심리학을 통해 조명될 수 있는가 하는 단초를 제공해줄 수 있는 것들이라 하겠다.

니시다의 연구는 〈의식에 관한 연구〉이다. 이것은 니시다의 평생에 걸친 학문적 과업인 '유일 실재란 무엇인가'라는 물음에 대한 응답이었다. 이 물음에 대한 니시다의 응답은 처음부터 명확했다. 그것은 바로 "의식 현상이 유일 실재다"[29]라는 선언이었다. 이 선언은 니시다 사상의 전반을 관통하는 중추 개념이라는 점에서 대단히 중요하다.

바로 이 점이 니시다와 켄 윌버의 사상이 만날 수 있는 첫 번째 접점이다. 통합심리학을 바탕으로 한 통합사상의 체계를 구축하려고 한 윌버 사상의 가장 중요한 핵심 개념은 바로 "의식"이다. 이는 실제로 제1기 윌버가 저술한 첫 저서의 제목이 『의식의 스펙트럼』이었다고 하는 점에서도 극명하게 드러나 있다.[30] 또한 이러한 그의 의식 연구는 종교영성에 관한 그의 이론을 최종적으로 집대성한 저서인 제5기 윌버의『통전 영성』(*Integral Spirituality*)에서 제시된 AQAL(아퀄)[31]이라는 개념 속에 그대로 내재되어 있다. 아퀄 개념의 주요 구성요소인 온상한, 온수준, 온라인, 온라인, 온유형은 바로 의식의 4상한, 의식의 단계수준, 의식의 발달 라인, 의식의 유형을 의미하는 것이기 때문이다.

니시다와 윌버의 접점은 바로 '유일 실재가 무엇인가?' 하는 근본적인 물음에 있다. 니시다에게 있어서 "유일 실재란 바로 의식현상"이었고, 이것은 점차로, 순수경험, 자각, 장소, 절대무 등으로 달리 표현되

---

29 西田幾多郎/小坂國繼(編), 『善の研究』(東京: 講談社, 2006/2016), 140.
30 Ken Wilber, *The Spectrum of Consciousness* (Wheaton: Quest Books, 1977). 집필 원고 완성은 1973년, 책 출판은 1977년이다. 초판서문 참조.
31 "인티그럴 모델(Integral Model) - '온상한, 온수준, 온 라인, 온 상태, 온 유형' - … 우리는 때로 '온상한, 온수준' 또는 'AQAL'이라고 줄여 부른다." Ken Wilber, Integral *Spirituality: A Startling New Role for Relgion in the Modern and Postmodern World* (Boston & London: Integral Books, 2006), 26.

었다. 니시다의 첫 저서에서의 선언과 유사하게, 윌버도 첫 저서에서
"마음의 수준 또는 단순히 마음(Mind)만이 홀로 절대 실재다"[32]라고 말
하고 있다. 여기서 Mind는 의식이란 말로 표현해도 무방하다. 윌버에겐
아래의 모든 궁극적 표현들이 의식의 다른 표현들이기 때문이다. 윌버
에게 있어서 유일 실재란 바로 절대 실재(Absolute Reality), 비이원적
체험의 내용(content of non-dual experience)이었고,[33] 유식(唯識), 심
(心), 대심(大心), 일심(一心), 도(道), 하나님(God), 신성(Godhead), 영
(Spirit), 브라흐마, 공(空) 등으로 표현되었던 것이다.[34]

또한 이러한 관점에서 보면, 니시다의 종교철학의 대상이 불교였
다고 하는 점도 의식 연구와 밀접한 관계가 있다고 할 수 있다. 잘 알
려져 있듯이, 불교는 마음의 종교이며 깨달음의 종교이다. 불교는 일
체의 모든 것을 마음의 문제로 바라본다. 이것을 원효의 일심(一心)
사상으로 표명하기도 하고, 유식불교(唯識佛敎)처럼 식(識: 의식)의
문제로 바라보기도 하는 것이다. 노도와 같이 밀려오는 서구의 사상
과 문물의 유행 앞에서, 당대 서양의 거대한 철학 체계 앞에서, 근대
의 초극이라는 시대의 과제 앞에서, 그것을 단지 그대로 수용하는 것
이 아니라, 수용하되 주체적 입장에서 일본의 정신을 표방하려 했던
니시다는 그 근간을 선불교(禪佛敎)의 사상과 선(禪) 체험에 두었던
것이다. 따라서 이렇듯 선불교에 근간한 니시다의 사상은 처음부터
필연적으로 의식에 관한 연구를 향하고 있었던 것이다.

니시다의 철학은 〈심리학적 연구〉에 뿌리를 두고 있다. 이것에 대

---

32 Ken Wilber, *The Spectrum of Consciousness*, 41.
33 같은 책, 39.
34 같은 책, 제3장.

해서는 이미 앞에서 살펴본 바 있다. 기존의 연구처럼, 니시다 사상을 철학의 범주에서만 읽는다면, 그것은 니시다의 사상을 부분적으로만 이해하는 것이다. 앞에서 우리는 니시다의 철학이 심리학과 결별했다는 주장에 대한 오해에 대해 지적했다. 이러한 오해가 발생하는 이유는 니시다의 사상을 철학의 기본적 특성에서만 생각하려는 성향 때문이다. 즉 철학은 개념을 연구하는 학문이라고 하는 선입견 때문이다. 실상 철학은 그 하위분야가 형이상학이든 인식론이든 윤리학이든 논리학에 바탕을 둔 개념에 대한 연구라고 해도 과언이 아니다. 이러한 철학의 학문적 특성은 니시다의 사상에도 그대로 적용된다. 하지만 철학은 또한 만학의 기초임과 동시에 만학의 창조적 종합이기도 하다는 사실을 망각해서는 안 된다. 니시다의 철학 역시 종교, 심리학, 예술, 과학 등 다른 학문들과의 대화 속에서 진행된 철학이었다는 점을 잊지 말아야 한다는 말이다. 심리학이야말로 인간의 의식을 다루는 학문이라는 점에서 니시다의 연구는 심리학적 연구와 직·간접적으로 맞닿아 있다.

그의 첫 저서에서 〈의식의 스펙트럼〉이라는 개념을 제시한 윌버는 이 책에서 무한하고 영원한 절대 주체성, 공, 브라만, 신성으로부터 어떻게 의식이 스펙트럼의 형태로 진화되어 왔는지를 설명한다.[35] 이 책의 전언(foreword)에서, 존 화이트는 이를 두고 윌버가 "스펙트럼 심리학"이란 모델을 처음으로 제시했다고 소개한다.[36] 그러나 이 책에서 윌버는 의식의 분화과정 내지 진화과정을 〈그림자 수준-에고

---

35 같은 책, 94.
36 그는 윌버의 의식의 스펙트럼이라는 용어가 전자기 스펙트럼이라는 물리학의 개념을 빌린 것이라고 소개했다. 같은 책, x.

수준-(생물학적 대역)-실존수준-(초개인대역)-정신수준-우주〉로 나누어 1, 2, 3, 4차에 걸친 이원화의 과정으로 설명하고 있을 뿐, 심리학과의 관계를 제시한 적은 없다.37 심리학과의 관계를 설명하고 있는 것은 제1기 윌버의 두 번째 저서인 *No Boundary*(『무경계』)이다. 여기서 윌버는 상담치료, 정신분석, 자아심리학, 게슈탈트 심리학, 인본주의 심리학 등 심리학의 제 분야들과 신비주의 계통의 세계 여러 종교들을 스펙트럼 형태로 결합하여, 의식의 각 단계에서 심리학의 분야들이 각자 차지하고 있는 위치에 대한 그림을 제시하였다. 이때야 비로소 화이트가 규정한 스펙트럼 심리학의 의미가 드러난 것이라고 할 수 있는 것이다. 하지만 윌버의 관심은 수행과 영성의 발달단계를 의식의 스펙트럼이라고 하는 형태로 제시한 것일 뿐 진정한 의미에서의 심리학을 제시했다고는 볼 수는 없다. 심리학적 내용이 거의 없을 뿐만 아니라, 심리학적인 체계도 만든 적이 없기 때문이다.

윌버가 심리학을 본격적으로 끌어들인 것은 제2기에서다. 제2기의 주요저서 중 하나인 *Up from Eden*(『에덴으로부터 위로』)에는 프로이트, 융, 에릭슨, 페렌찌, 제임스 등의 심리학자들의 개념과 사상적 내용들이 대거 등장한다. 이들 심리학자들의 입장은 제각각이지만 가장 두드러진 특징은 '발달'과 '진화'라고 하는 개념이다.

제1기의 윌버는 플라톤 이래로 내려오는 '존재의 대연쇄'(Great Chain of Being)의 전통38에 서서 유출된 세계가 시간적으로는 과거,

---

37 Ken Wilber, *The Spectrum of Consciousness*, '제V장 스펙트럼의 진화'의 전체 내용.
38 존재의 대연쇄에 대해서는 아서 러브조이의 저서 *The Great Chain of Being*을 참조하라! 또는 그 의미에 대한 분석은 이한영, "켄 윌버의 의식진화론적 통전사상 연구: 통전신학에 대한 시론적 모색," 박사학위논문(서울: 감리교신학대학교, 2008)의 〈세계〉편

공간적으로 초월적 세계로 회귀한다는 유출-환원구조에서 탈피하지 못했다. 그러나 제2기의 월버는 현대 진화론의 진화 개념을 도입하고 또한 발달심리학의 발달 개념을 도입하여 이후의 월버 사상의 중심개념으로 삼는다. 즉 월버는 '위로부터 아래로'라는 플라톤 이래의 존재의 대연쇄 전통의 운동방향을 180도 역전시켜 버린다. 그것은 '아래로부터 위로'의 혁명이었다. 이것이야말로 *Up from Eden*이라는 제목이 시사하는 바이기도 하다. 이 부분이 바로 월버 사상에 있어서의 첫 번째 최대분수령이었다.[39] 참고로 말하면, 아서 러브조이는 이러한 대전환의 출발이 헤겔로부터 시작된다고 주장한 바 있다.[40]

심리학과 관련하여 이 책에서 주목할 것은 이 심리학자들이 (제임스를 제외하고) 대부분 발달심리학자라는 점이다. 또한 장 겝서(Jean Gebser)와 같은 발달주의 문화학자의 이론도 적극 인용하고 수용하고 있다.[41] 특히, 심리학적 해석에 있어서 중요한 것은 의식의 시계열적 진화를 분석하고 있는 심층심리학적 관점이다. 이러한 분석을 시도하고 있는 대표적인 학자가 『의식의 기원사』라는 명저를 집필한 융

을 참조하기 바람.

39 월버는 이에 대해서, 첫 저서 *The Spectrum of Consciousness* (『의식의 스펙트럼』) 집필 후 거의 20년이 다 된 시점에 쓴 제2판 서문(1991)에서 분명하게 밝히고 있다. 진화(Evolution)라는 개념과 회화(Involution)라는 개념은 제1기와 제2기에서 완전히 그 의미가 뒤바뀐다고 말이다.

40 Arther Lovejoy, *The Great Chain of Being: A History of an Idea.* (Cambridge/London: Harvard University Press. 1936/1964), 325-326. "여기에는 더 이상 '아래로의 길'은 없으며 '위로의 길'만이 있는 것이다. 그러나 플라톤주의적 사물체계, 특히 『티마이오스』 속에서 그리고 플로티노스에 의해서 가정된 발생질서의 전도는 '존재의 사다리'를 추상적인 관념의 도식으로 바꾸어 놓은 반면에 그 본질적 성질은 변하지 않았다."

41 Ken Wilber, *Up From Eden: A transpersonal View of Human Evolution* (Quest Books, 1983), 27-29; 32; 34; 48-49; 188; 190-191; 193-194.

학파 신화학자 에리히 노이만(Erich Neumann)이다.[42] 이 저서에서는 이러한 심층심리학에 대한 윌버 자신의 독특한 해석을 통하여 아래로부터 위로의 의식의 진화과정을 설명하는 중요한 방법론으로 삼고 있다.[43]

이후의 여러 과정을 거쳐서 윌버의 심리학은 제5기에 이르러 〈통합심리학〉(Integral Psychology)의 관점에 이른다. 이것이 윌버의 최종적인 심리학의 관점이다. 그것은 제2기의 발달과 진화 개념의 도입 이후, 제4기에서 사상적인 대변혁을 맞는다. 그것은 제3기에서의 다양한 형태의 신과학영성과 환원주의에 대한 눈물겨운 사투, 제4기에서의 아동발달 심리학자 피아제의 심리학의 적극적인 원용, 홀론, 홀라키, 사상한 등의 주요 개념의 도입 등이다. 이러한 과정을 거쳐 윌버는 마침내 사상한과 홀라키 사상에 바탕을 둔 온상한, 온수준의 개념에 입각한 통합심리학의 빅 피처를 제시하였다.[44]

이상에서 대략적으로 언급한 윌버의 통합심리학의 주요 개념들은 이후에 이 글에서 니시다의 사상과 대화하고 또한 그 사상을 비판하는 주요한 방법론적, 사상적 도구로 활용될 것이다.

---

42 에릭 노이만/이유경 역, 『의식의 기원사』 (서울: 분석심리학 연구소, 2010)

43 Ken Wilber, *Up From Eden* (1983), 26; 28-32; 49; 54; 130-132; 139, 156; 191, 202; 245, 306.

44 이에 대한 개략적 이해는 이한영, 『앎과 영적 성장』 (서울: 문사철, 2013)의 'II부 켄 윌버의 생애와 사상적 발전과정'을 참조할 것.

2. 니시다의 종교철학과 트랜스퍼스널 심리학의 접점

니시다의 철학은 어떠한 의미에서 〈트랜스퍼스널 심리학〉[45]의 측면을 갖고 있다. 니시다의 사상은 개인의 의식을 다룰 뿐만이 아니라, 개인을 넘어선 〈세계의식〉 내지 〈절대의식〉에 대해 다룬다. 이 점은 대단히 중요하다. 다시 말해, 니시다가 말하는 의식은 개인의 지평이 아니라 우주의 지평에서의 의식을 말하고 있다. 이러한 점에서 그의 심리학은 〈초개인적〉(transpersonal)이다. 즉 그의 연구는 개인의 의식 또는 자아의식을 초월한 영역의 의식을 다루는 〈트랜스퍼스널 심리학〉의 영역 안에 있다. 따라서 니시다의 사상은 트랜스퍼스널 심리학을 〈통전심리학〉으로 새롭게 구축한 켄 윌버의 사상 속에서 조명되어야 할 충분한 이유와 근거가 있는 것이다.

트랜스퍼스널 심리학(transpersonal psychology)은 영속의 철학(Perennial Philosophy)[46]에 그 기반을 두고 있는 심리학이다. 영속의 철학은 16세기 구약성서학자 아고스티노 스테우코(Agostino Steuco)가 그의 저서 *De perenni philosophia libri* X(1540)에서 처음으로 이

---

45 Transpersonal Psychology는 학자에 따라 '초개인심리학', '초자아심리학', '자아초월심리학', '초인격심리학' 등 다양하게 번역되었다. 본 연구자는 '인격성'(personality)이란 개념이 주는 심리학적인, 수행적인 의미와 신학적인 함의를 고려하여, '초인격심리학'이라는 번역을 선호하는 편이었으나, 위 번역 중 어느 하나도 그 의미를 완전하게 드러내주지는 못한다고 생각된다. 따라서 본 논문에서는 주로 원문 그대로 '트랜스퍼스널 심리학'이라고 표기하고자 한다.

46 일반적으로 '영원의 철학'으로 번역하고 있으나, 영원이 영어 Eternity의 무시간적, 불변적, 최종적 의미를 갖고 있는 개념과 구별하기 위해서, 필자는 '영속의 철학'이라고 번역한다. 그것이 무시무종하며 끊임없이 내재적으로 초월해가는 'Perennial'의 본뜻에 더 부합한다고 생각하기 때문이다.

용어를 사용했으며, 17세기 철학자 고트프리트 빌헬름 라이프니츠가 '역사를 초월해서 전승되는 형이상학적 근본원리'라는 의미로 이 말을 이용했다고 한다. 또한 19세기 초월주의자들 사이에 널리 퍼졌고, 20세기에는 올더스 헉슬리에 의해 영어권 대중들에게 알려졌다고 한다.[47]

조옥경은 영속의 철학의 보편적 진리의 핵심을 다음과 같이 소개한다.[48]

첫째, 물질·생명·정신권의 근본바탕에는 신성한 실재가 존재하며, 모든 현상은 그러한 실재를 떠나서는 존재할 수 없다.

둘째, 신성한 실재는 분석적 사고를 통해 포착할 수 없으며, 더 높은 차원의 직관적 통찰을 통해서만 가능하다.

셋째, 인간은 현상적 자아(ego)와 영원한 참 자아(Self)라는 이중성을 지니며, 참 자아는 신성한 실재와 근본적으로 동일하다.

넷째, 인간 삶의 궁극적인 목표는 이러한 실재와 경험적으로 합일하는데 있다.

위 명제들을 분석하면, 다시 형이상학적, 신비주의적, 심리학적, 윤리학적인 의미로 유추할 수 있을 것이다. 즉 세계의 신성한 실재에

---

47 올더스 헉슬리/조옥경 역, 『영원의 철학』(서울: 김영사, 2014), 501. 옮긴이의 글 참조. 그러나 이 책의 저자 헉슬리는 '영원의 철학'이란 말을 라이프니츠가 처음 썼다고 서술하고 있다. 같은 책, 14.
48 올더스 헉슬리, 『영원의 철학』, 502. "영속의 철학에 따르면"이라고 소개하고 있으나, 정작 출처는 밝히지 않고 있다.

대한 형이상학적 관점, 신성한 실재의 인식에 대한 직관적 신비주의적 관점, 인간과 신성한 실재를 '진아'(眞我) 개념을 통해 동일화하는 초개인적 심리학의 관점, 인간의 궁극적 목적을 신성한 실재와의 경험적 합일에 두는 윤리학적인 관점이다.

이와 같은 점들만 놓고 보면, 니시다의 사상과 별반 다를 것이 없다. 다만 니시다는 참자아를 강조하는 인도의 아트만 사상이 아니라 무아를 중심으로 해석하는 대승불교의 자락에 서 있다는 점에서 다를 뿐이다.

비록 영속의 철학이란 개념이 특정한 종교적 성향을 가진 사람들에 의해 선호되어 사용되어 왔다고 할지라도, 영속의 철학이란 개념이 특정한 집단이나 부류의 전유물이라고 생각해서는 안 된다. 역사의 시공간을 떠나서 이러한 생각을 가진 종교나 철학을 모두 영속의 철학이라고 부를 수 있기 때문이다.

그러한 이유로 영속의 철학은 신비주의 계통의 사상가들에 의해 주장되었기에 어느 정도 뉴에이지 사상이나 여타 신비주의 종교와도 관련성이 있다. 그들에 의해 선호되기 때문이다. 윌버도 영성의 길을 막 찾아 나섰던 초기에는 뉴에이지 계통의 트랜스퍼스널 잡지와도 관계했으나, 지적인 성숙이 무르익은 제4기 이후의 윌버는 뉴에이지란 현대판 가현설이라고 비판했다. 그는 뉴에이지 운동은 좌상상한에만 의거해 〈오직-자아만의 해석〉(Self-only Interpretation)을 하는 유형의 사람들이라고 했다.49

---

49 Ken Wilber, *A Brief History of Everything* (Boston & London: Shambhala, 1996), 93. 좌상상한이란 윌버의 4상한 중에 왼쪽 위의 내면적 개인적 측면을 말한다.

그러나 영속의 철학은 멀리는 변화하는 세계 속에서 영원의 세계를 찾았던 고대 플라톤의 철학에서부터 근대 라이프니츠, 피히테, 쉘링, 헤겔 등의 관념철학자들을 거쳐 현대의 그린, 베르그송 등에 이르기까지 뿌리 깊게 지속되어 온 철학사상이기도 하다. 그것이 하버드대학교 철학과 교수였던 아서 러브조이가 〈존재의 대연쇄〉(Great chain of Being)라고 불렀던 사상의 흐름이다.[50] 또한 피타고라스, 플라톤, 아리스토텔레스, 스토아학파, 플로티노스 등 고대 철학자들, 아우구스티누스, 보나벤투라, 십자가의 성 요한 등 중세의 신학자 및 영성가들, 에크하르트, 데카르트, 라이프니츠 등 관념철학자들이 수행을 바탕으로 한 신비주의 사상과 밀접한 관계를 갖고 있다는 사실은 잘 알려진 일이다.

오늘날 신비주의 영성을 심리학으로 해석하고자 하는 많은 시도가 있었듯이, 트랜스퍼스널 심리학도 그러하다. 그 사실의 적합성 여부, 그 진실의 진정성 여부와는 별개로, 이것은 개인의 이성을 넘어선 초월적이며 보편적인 종교 영역에 대한 심리학적 관심의 반영인 것이다. 이렇게 영속의 철학에 바탕을 둔 트랜스퍼스널 심리학은 하나의 아카데믹한 학문적 분야가 아니라, 미국을 중심으로 1960년대 말부터 유행한 사상적 조류 또는 운동이라고 해야 할 것이다. 필자가 생각하기에, 켄 윌버가 각광을 받은 이유는 아직 체계적으로 정립되지 않

---

50 Arthur. Lovejoy, *Great Chain of Being* Cambridge: Havard University, 1936/1964), 4-7장 내용. 놀랍게도 켄 윌버가 인용하고 있는 러브조이는 다방면에서 윌버와 다르다. 윌버는 이러한 존재의 대연쇄 전통이 실패한 관념의 역사라고 단정 짓는다. 이에 대한 내용은 필자의 박사학위논문, "켄 윌버의 의식진화론적 통전사상 연구," 256-261을 참조할 것.

은 트랜스퍼스널 심리학을 동·서양의 철학과 세계의 유수한 종교 그리고 심리학적 이해를 통해 체계적인 형이상학적 체계를 만들어갔기 때문이다. 그렇기에 여러 형태의 초월적 현상을 신앙하는 원시주술 종교나 신흥종교 지지자들의 관심도 받고 있다. 그런데 이들은 윌버의 사상을 자신들의 입맛에 맞게 취사선택하고 있다. 하지만 적어도 제 2기 이후의 윌버의 종교의식발달론은 오히려 건전한 영성을 분별해내는 좋은 도구로 활용될 수 있다고 생각한다. 윌버의 종교발달단계의 도식에 의하면, 이러한 종교들은 전의식(前意識)의 종교에 불과하다. 그렇지만 오히려 이들은 자신들의 종교의 종교체험이 초의식(超意識)적인 것이라고 인정받길 원한다. 초개인 영역 또는 초의식 영역이란 전의식을 가진 사람들에게는 좋은 먹잇감인 것이다.

그러나 제3기 윌버의 눈으로 보면, 이러한 생각은 전적인 전초오류이다. 간단히 말해, 전초오류란 전의식과 초의식을 혼동하는 것을 말한다[51](이에 대해서는 뒤에서 자세히 다룰 것이다). 어쨌든 더 나아가 그의 제자 레이놀즈의 저서에 의하면, 제5기의 윌버는 자신은 애초부터 영속의 철학과 트랜스퍼스널 심리학에 속한 사람이 아니었다고까지 강변하고 있다. 그는 자신이 영속의 철학 전반을 지지하는 것이 아니며, 영속의 철학으로부터 영향을 받은 것은 기껏해야 이 우주가 '물질-정신-영'이라는 세 가지 존재의 층과 앎의 차원으로 구성되어 있다는 기본적인 구조체계였다는 것이다.[52] 켄 윌버는 영속의 철학과의

---

51 전초오류: 이에 대해서는 뒤에서 자세히 다룰 것이다. 이 구분이 중요한 이유는 현재의 종교들의 영적 현상을 구분하는 좋은 방법론적 개념이 될 수 있기 때문이다.

52 Ken Wilber, *introdution to Collected Works* (2000), Vol.8. 재인용. Brad Reynolds, *Where's Wilber at?* (paragon house, 2006), 82.

구별을 위해 1983년 "신-영속의 철학"이란 말을 사용하기 시작했으며, 바로 그해 트랜스퍼스널 심리학과의 연계성을 비공식적으로 깨뜨리게 된다. 그리고 트랜스퍼스널이란 말 대신에 "통전적 연구"(integral studies)라는 말을 사용하기 시작한다.[53] 그러나 이 용어가 그의 심리학에서 본격적으로 사용되기 시작한 것은 자신의 심리학체계에 사상한, 홀라키, 선회적 동태론, 싸이코그래프 등의 개념을 도입한 제5기의 저서『통전심리학』(*integral psychology*)부터라고 할 수 있다(물론, 경험과학적 심리학자들은 '이것을 과연 심리학이라고 부를 수 있느냐, 심리철학이라고 부르는 것이 낫지 않느냐'라고 물을 것이다).

영속의 철학과 신-영속의 철학의 결정적 차이점으로는 변하지 않는 원형, 고정되고 미리 결정된 진화(evolution)와 회화(envolution), 진화와 회화의 운동방향, 홀론 개념과 반대되는 실재의 엄격한 위계적 본성[54], 선성의 회복에 있어서 본향으로 돌아가는 U턴식 유출-환원구조 vs 전진식 원운동, 진화과정에 있어서의 유출적 분리적 진화과정 vs 홀라키적 중층적 겹둥지적 진화과정 등을 꼽을 수 있으며, 트랜스퍼스널 심리학과 인티그럴 심리학의 차이점도 위 형이상학적 내용에 기반하고 있으므로 대동소이하다 할 것이다. 그러나 결정적인 차이점은 바로 운동의 방향성이다. 즉 과거지향적이냐, 미래지향적이냐 하는 것이다. 트랜스퍼스널 심리학은 플라톤 철학이나 융 심리학처럼 과거지향적이다. 그러나 인티그럴 심리학은 미래지향적이다. 즉 전자는 과거로의 회귀가 중요하므로 기억, 회상, 상기가 중요

---

53 이한영,『앎과 영적 성장』(서울, 문사철, 2013), 69.
54 Brad Reynolds, *Where's Wilber at?* (paragon house, 2006), 82.

하고, 후자는 미래를 향한 전진이 중요하므로 의식의 성장, 발달, 진화가 중요하다. 물론, 이 전진은 다시 본래의 자리로 돌아오는 원운동이라는 점을 잊지 말아야 한다.

니시다의 철학, 니시다의 심리학은 인티그럴 심리학보다는 트랜스퍼스널 심리학의 입장과 유사하다. 그것은 니시다의 사상이 플라톤 이래의 존재의 대연쇄 전통에 서 있기 때문이다. 특히, 〈순수경험〉에 있어서 그렇다. 하지만, 인티그럴 심리학과 유사한 면도 없지 않다. 그것은 바로 〈통일성〉의 문제를 다룰 때에 그렇다. 니시다는 플라톤식 회귀사상, 불교식 회귀사상을 갖고 있지만, 또한 니시다는 헤겔식 전진사상도 갖고 있다. 그래서 이러한 점에서는 인티그럴 심리학의 입장에서의 대화가 가능하다고 본다.

이렇듯 켄 윌버의 심리학 체계에는 불연속성이라 할 만한 적지 않은 내용의 변화가 있었다. 그러나 그것이 트랜스퍼스널 심리학이든 인티그럴 심리학이든 (특히, 제2기 윌버 이후) 변하지 않는 불연속적인 기본 개념과 구조가 있다. 그것을 간단하게 3개의 개념과 구조로 말하면, 기본적으로 인간의 의식은 〈전자아-자아-초자아〉 또는 〈전의식-자아의식-초의식〉의 과정으로 성장, 발달한다는 기본 프레임이다. 이것은 더 세부적으로 구분하면 7~9개의 발달과정 또는 그 이상으로 분류할 수 있다. 그러나 여기에서는 논리전개를 간편하게 위해서 〈전의식, 의식, 초의식〉 이 세 가지 도식만을 가지고 설명하고자 한다.

여기서 주목할 것은 일반 심리학이 인정하지 않는 초의식의 영역을 인정하고 있다는 점이다. 초의식의 영역은 종교의 신비주의 영역을 일컫는 말이다. 즉 자아의식은 전의식을 초월하며, 초의식은 전의식과 자아의식을 초월한다. 물론 넓은 의미에서는 신비주의란 초의식의 영역만이 아니라, 모든 의식영역을 포괄하여 신비주의라고 말한다. 예를 들어, 윌버의 심리학에서는 전의식에 해당하는 신비주의, 자아의식에 해당하는 신비주의도 있다. 이때 말하는 초의식의 종교체험 또는 초의식의 신비주의란 실제로는 전의식에 해당하는 인간의 감각의식, 자아의식에 해당하는 인간의 이성의식, 이 모든 의식을 뛰어넘는 의식을 모두 포괄하는 의미에서의 신비주의를 말하는 것이다. 하지만 좁은 의미 또는 궁극적 의미에서의 신비주의란 전의식과 자아의식에서의 신비주의가 아니라, 초의식에서의 신비주의만을 지칭하는 것이다. 이러한 의미에서 보면, 대부분의 원시종교나 신흥종교는 전의식의 차원 낮은 신비주의 영역에 자리하고, 교리·사상·신학·제도·율법 등이 정립되어 있는 고등종교는 이성신비주의의 영역에 자리하고 있는 것이다. 그러나 좁은 의미의 신비주의란 초의식의 영역의 신비주의만을 일컫는다. 초의식적 영역의 신비주의는 인신공양을 하거나 심장을 도려내서 제물로 바치는 주술적이고 오컬트적인 신비주의가 아니다. 즉 우리가 지향해야 할 신비주의가 아니다. 또한 문자나 개념을 바탕으로 한 논리적 이성도 결국 신비가가 거쳐가야 하며 넘어서야 할 의식의 과정적 단계인 것이다.

이렇듯 의식을 전의식, 자의식, 초의식을 구분하고 이를 의식의 성장, 발달, 진화의 과정으로 생각하는 이러한 심리학에 대하여 경험과학적 심리학자들은 어떻게 생각할까? 거의 모든 경험과학자들은 종교체험의 초의식 영역을 인정하지 않을 것이다. 니시다에게 영향을 준 분트의 경우 이러한 심리학을 형이상학적 심리학으로 분류하고 경험과학적 심리학의 입장에서 비판할 것이다.

한편 프로이트, 에릭슨, 콜버그, 피아제 등 발달심리학자들은 의식이 영유아기, 청소년기, 성인기를 거치며 성장, 발달해간다는 관점을 갖고 있다. 그러나 의식의 영역에 초의식의 영역을 인정할 수 있는가 하는 것은 별개의 문제다.

예를 들어, 프로이트의 정신분석 심리학은 전(pre-)의식에서 자(ego-)의식으로의 의식의 성장과 발달에 대해 이야기한다. 하지만 초의식의 영역을 인정하지 않는다. 오히려 프로이트는 기독교와 같은 종교를 원시적 종교 내지 인류의식의 유아기적 시기에 머물러 있는 종교라고 말한다. 프로이트의『토템과 터부』의 관점에 이에 해당한다. 트랜스퍼스널 심리학의 관점에서 말하면, 전의식에 해당하는 종교라는 말이다. 또한 프로이트는 열반을 추구하는(신과의 합일·지혜·깨달음을 추구하는) 신비주의 종교를 전의식의 상태로 퇴행한 종교라고도 말한다.[55] 여기서 프로이트가 제시하는 '쾌락원칙'과 '열반원칙'은 결국 죽음으로의 타나토스적 해체에 다름 아니다. 프로이트의 이러한 주장을 윌버의 관점에서 다시 말하면, 소위 종교가 말하는 초의식적 체험은 모두 사실상 전의식적 체험 내지 인간의 열등한 종교의식이 만들어낸 것에 불과하다는 비판인 것이다.

하지만 융의 분석심리학은 종교친화적이며 트랜스퍼스널하다. 융 심리학의 주요 개념인 원형(Archytype), 자기(Self), 집단무의식(Collective Unconsciousness) 등은 개인의 영역을 넘어선 초개인적 의식영역 내지 초의식의 영역에 대해 언급하고 있는 것에 다름 아니기 때문이다.

융은 원형, 집단무의식, 자기에 대해 다음과 같이 말하고 있다.

---

55 이경재,『프로이트와 종교를 말한다』(파주: 집문당, 2007/2012), 60-62.

꿈을 꾼 사람의 개인적 경험에서 나올 수 없는 요소들이 나타난다는 사실을 고려하지 않으면 안 된다. … 그것은 한 개인의 생활에 나타나는 어떤 것으로도 그 존재를 설명할 수 없으며, 또한 원초적이며 내재적이고 선천적인 인간의 마음의 형태처럼 보인다. … 아득히 오래된 이 정신은 우리들의 현재의 마음의 기초를 형성하고 있다. … 프로이드의 〈고태적 잔재〉(archaic remnants)를 나는 〈원형〉(arche-type) 또는 〈근원적 심상〉(primordial images)이라고 부르거니와 이에 대한 나의 견해는 꿈의 심리학과 신화에 대한 충분한 지식이 없는 사람들로부터 비판을 받아왔다.[56]

나의 개념 중에서 집단적 무의식만큼 그렇게 많은 오해를 불러일으킨 개념은 없을 것이다. … 집단적 무의식은 정신의 한 부분으로 개인적인 경험에서 생겨난 것이 아니고 개인적으로 획득된 것이 아니라는 점에서 개인적 무의식과 구별될 수 있다. 개인적 무의식이 본질적으로 한때 의식이었던 것이 잊어버리거나 억압되어 의식에서 사라진 내용으로 이루어지는 데 비해서 집단적 무의식의 내용은 결코 의식에 머문 적이 없고 그래서 일찍이 한 번도 개인적으로 획득되지 않았으며, 그것은 예외 없이 유전 덕택으로 존재하는 것이다. 집단적 무의식의 관념에 절대적인 상관관계를 이루고 있는 원형의 개념은 정신 속 어디에나 보편적으로 있고, 널리 퍼져 있는, 어떤 일정한 형식들이 존재한다는 사실을 가리키고 있다. … 나의 논제는 다음과 같다: 의식된 정신의 개인적 성질과 달리 우리의 의식 이외에 집단적인

---

56 칼 구스타프 융/이부영 외 역, 『인간과 무의식의 상징』 (파주: 집문당, 2008), 66-68.

비개인적 특성을 지닌 제2의 정신체계가 존재한다는 것이다.[57]

이상에서 알 수 있듯이, 융은 개인의 의식을 넘어선 보편적인 의식의 존재를 믿었다. 원형은 그러한 보편적 의식의 근원적 형상을 말하는 것이며, 또한 집단무의식은 고대로부터 선사시대 이전의 인류로부터 전해져 내려오는 일종의 기억의 저장소로서의 인류보편의 전체의식이라고 말할 수 있다.

이렇듯 융 심리학은 그 초개인적, 초인격적, 초자아적 성격으로 인해 트랜스퍼스널 심리학과 상당부분 공통점을 가지고 있다. 그렇기에 영속의 철학자들이나 트랜스퍼스널 심리가들의 대부분은 융 주의자(Jungian)이거나 융 심리학(Jung Psychology)에 상당한 친근감을 표하고 있는 사람들이다. 융 심리학이 초개인적 영역의 신비주의를 지향하는 자신들의 종교체험이나 사상을 지지해준다고 믿기 때문이다. 융 역시 요상한 종교체험을 확신하기도 하고 신비주의적 색채가 농후한 생각을 갖고 있기에 많은 부분에서 공통점을 갖고 있는 것은 사실이다. 예를 들어, 융은 대학식당 안에서 아무 이유 없이 식탁이 쾅하고 부서졌을 때, 이것이 그의 친척 중 한 사람의 죽음을 알려주는 암시라고 생각했다.[58] 그러나 융이 초상주의나 초심리학적 성향을 갖고 있었다고 할지라도, 융 심리학이 트랜스퍼스널 심리학의 모든 것을 지지해주지는 않는다.

융 심리학의 관점은 트랜스퍼스널 심리학적 성향을 갖고 있었던 제1

---

57 칼 구스타프 융/ 한국융연구원 C.G. 융 저작 번역위원회 역,『원형과 무의식』[융 기본 저작집 2] (서울: 솔출판사, 2002), 156-157.
58 유아사 야스오/이한영 역,『융과 그리스도교』(서울: 모시는사람들, 2011), 25.

기 윌버의 관점과 운동의 방향성이나 구조적인 측면에서 유사하다. 프로이트의 심리학이 무의식(이드)이라는 원초적 의식, 전의식으로부터 이성의 의식으로 건전하게 성장 발달해 나가야 한다는 당위성을 갖고 있는 반면에, 융 심리학의 운동의 방향은 정반대이다. 프로이트에게 무의식의 전의식적 세계는 원시적 동물적 본능이 꿈틀거리는 어둠의 세계다. 그러나 융에게 무의식, 전의식의 세계는 원형, 집단무의식이 자리하고 있는 황금 보고다. 이 세계는 철학적으로는 플라톤의 이데아의 세계, 종교적으로는 에덴의 세계이다. 무의식의 세계로의 회귀는 본향으로의 회귀, 근원으로의 회귀인 것이다. 이러한 면에서 윌버의 제1이기 심리학적인 관점인 트랜스퍼스널 심리학적 관점은 융 심리학이나 제1이기 니시다의 사상(순수경험의 시기)과 대화할 수 있는 여지가 많다.

그러나 초기의 윌버는 융 심리학의 원형들을 초의식의 영역에 넣었으나,[59] 제4기의 윌버는 융 심리학이 상당부분 초의식 영역이 아니라 전의식 영역에 해당한다고 주장했다. 즉 융 심리학은 초의식의 영역을 추구했으나, 실제로 그 내용면에서는 추구한 바와 달리 전의식의 영역을 초의식의 영역으로 착각한 것이었다고 주장했다. 예를 들어, 원형들 중에서는 노현자(Great Wise Oldman), 자기(Self)와 같은 상위수준의 원형이 초의식에 해당되고, 많은 원형들이 주술의식이나 신화의식이 만들어내는 전의식의 원형이라는 것이다.[60]

---

59 Ken Wilber, *No Boundary: Eastern and Western Approaches to Personal Growth* (Boston & London: Shambhala, 1983), 112.
60 Ken Wilber, *A Brief History of Everything* (Boston & London: Shambhala, 1996), 193-197.

초개인심리학이라는 용어나 신비주의라는 용어는 오해를 불러일으킬 여지가 많이 있다. 심령과학, 초상주의, 오컬트적인 신비주의를 떠올리기 쉽기 때문이다. 심지어는 심리학자 융에게서도 초상주의적 성향을 엿볼 수 있다. 하지만 필자는 융 심리학의 많은 업적을 존중하지만, 개인적으로는 이러한 융의 초상주의적, 초심리학적 주장을 수용하지 않는다.

따라서 이 글은 초개인심리학이란 용어를 심령과학이나 초상주의와 같은 아카데미 이외의 비정통적인 입장에서 다루지 않는다. 전의식(前意識)의 영적 수준을 보이고 있는 비의적, 주술적 종교현상에 대해서도 관심을 두지 않는다. 니시다 또한 자신의 순수경험의 신비주의가 이러한 신비주의로 오인 받는 것을 경계했다. 일체의 상을 부정하는 무(無)의 신비주의가 온갖 귀신과 잡령들이 들끓은 마법적 신비주의를 용인하겠는가? 오히려 이 글은 이 용어를 아래에서 언급하는 철학적 전통의 입장에서 이해한다. 그것은 동·서양의 철학이 수천 년 동안 다루어 왔던 인식론적 존재론적 방식이었다. 이 글이 관심을 갖고 있는 초개인심리학에 대한 부분은 플라톤, 아리스토텔레스로부터 시작해서 헤겔에 이르는 소위 '존재의 대연쇄'(Great Chain of Being)라는 서양의 근본적인 사유체제 안에서 작용하고 있는 보편정신 또는 보편의식에 대한 연구, 즉 초개인의식에 대한 것이다.

3. 형이상학적 심리학, 철학적 심리학과 인티그럴 심리학[61]의 접점

앞에서 보았듯이, 니시다의 철학은 의식 연구라는 측면, 종교체험의 의식적인 영역을 다루고 있다는 점, 분트·제임스 등 심리학자들의 영향을 받았다는 점에서 심리학을 바탕에 깔고 있는 사상이다.

그러나 영속의 철학을 바탕으로 하는 트랜스퍼스널 심리학이 단순히 심리 영역에 머물러 있지 않고 형이상학적 영역을 다루고 있듯이, 선불교와 서양 형이상학을 바탕으로 하고 있는 니시다의 사상도 단순히 심리 영역에만 머물지 않고 형이상학의 영역을 다루고 있다. 아니, 오히려 심리학은 형이상학으로 나아가기 위한 밑거름이 된다.

이제 그 내용에 대해 살펴보자.

우리는 이미 『선의 연구』 이전의 초생기의 니시다의 연구논문들의 목록을 통해서 그가 얼마나 심리학적인 문제와 형이상학적인 문제 집중하고 있었는가 하는 것에 대해 살펴본 바 있다.[62] 그리고 이 논문들의 내용이 일부 수정되기도 하며 어떠한 형식으로로든 『선의 연구』에 반영되고 있음을 찾아볼 수 있다.

---

61 Integral Psychology는 켄 윌버가 '트랜스퍼스널 심리학' 전통을 따랐던 자신의 초기 입장을 탈피하여, 자신이 구축한 사상체계의 핵심개념인 'Integral'을 앞에 붙여 명명한 이름이다. 일반적으로 '통합적'이라고 번역하고 있으나, 통합이란 말이 갖고 있는 포섭적, 동일체적, 환원적인 의미를 탈피하고자 본 논문에서는 '통전적'이라는 개념을 사용하고자 한다. 그러나 이것 역시도 '인티그럴'이라는 원어를 사용하는 것이 그 의미를 보다 선명하게 드러내준다고 할 것이다.

62 "그린 윤리철학의 대의"(1985), "심리학강의"(1905.02), "윤리학초안 제1"(1905.08), "윤리학초안 제2"(1906.03), "실재"(1906.12), "선"(1907.04), "순수경험"(1908.06), "종교"(1909.05) 등.

그러나 무엇보다도 니시다의 사상이 애초부터 형이상학적이라고 하는 것은 그의 초기 사상의 형성에 가장 큰 영향을 미친 사람이 다름 아닌 토마스 힐 그린이라고 하는 점에서도 찾아볼 수 있다(또한 직관주의와 생기론[vitalism]에 바탕을 둔 생철학자 베르그송의 철학을 선호했다는 사실에서도 찾아볼 수 있다).[63] 교토대학교 선과를 마치고 고향으로 돌아간 니시다는 우선 19세기 영국 신헤겔주의자인 그린의 『윤리학 서설』(*Prolegomena to Ethics,* 1883) 연구에 몰두했다.[64] 니시다는 그린의 이상주의적인 '자기실현설'에 공감하였고, 그는 물자체를 인식 불가능한 것으로 여겼던 칸트를 넘어, 자연 그 자체가 정신적 원리에 의해 성립되는 것이라고 했다. 그리고 이 정신적 원리야말로 불변하는 참 실재라고 생각했으며, 우주와 인간정신을 공통으로 꿰뚫는 정신적 원리에 이르러 선(善)을 실현하는 것으로 보았다. 그의 첫 저서『선의 연구』제3편 선(善)에서 전개되고 있는 윤리사상은 그린의 자기실현설과 거의 동일한 내용이라고도 할 수 있다[65](참고로 여기서 말하는 윤리사상도 실상은 형이상학이다. 플라톤의 연구가 선[善]의 연구였다는 사실을 상기해보라. 굳이 말하자면, 윤리적 형이상학이라고 부를 수도 있을 것이다).

이 시기의 니시다는 초월적 주체와 초월적 작용을 핵으로 하며, 의지를 특별한 영적 실체의 작용으로 보며, 개별적인 경험으로 환원할 수 없는 초월적 하나인 존재를 인정하는 그린의 형이상학적 심리학

---

63 미야카와 토루 저/아라카와 이오쿠 편/이수정 옮김,『일본근대철학사』(서울: 생각의 나무, 2001), 196-197.

64 이 내용을 담고 있는 논문이 니시다 기타로, "그린 씨의 윤리철학 대의,"「교육시론」 (1895)이다.

65 미야카와 토루,『일본근대철학사』, 173-175.

또는 심리학적 형이상학에 심취했다. 우주와 인간정신을 일관하는 정신적 원리는 트랜스퍼스널, 즉 초개인적 또는 초인격적인 것이다. 그리고 이러한 사실은 초기에는 트랜스퍼스널 심리학, 중기 이후에는 통전심리학(통합심리학)66에 근거하여 그의 통합사상을 전개했던 윌버의 입장과 유사하다고 할 수 있다.

또한 〈선의 연구〉 시기의 니시다의 연구에서 칸트의 형이상학적 구도가 지대한 영향을 미치고 있음도 알 수 있다. 먼저『선의 연구』에서의 〈선〉(善)은 '선의 이데아'라는 개념에서 보듯이, 플라톤 이래의 서양 철학의 핵심 개념이었으며, 칸트의 3대 비판서 중 〈실천이성비판〉의 중핵을 이루는 개념이었으며, 이는 니시다의 첫 저서의 제목이 됨과 동시에 니시다의 연구가 추구하는 바이기도 했다. 또한『선의 연구』의 목차는 니시다가 규명하고자 했던 형식과 내용에 대한 일목요연한 사실을 적시해준다. 그것은 바로 순수경험, 실재, 선(善), 종교라는 4개의 큰 범주였다.

니시다는『선의 연구』에서, "의식은 결코 심리학자의 모든 단일한 정신적 요소의 결합으로부터 이루어진 것이 아니라, 원래 하나의 체계를 이룬 것이다"라고 주장했다.67 무슨 말인가? 코오사카 쿠니츠구는 이에 대해 다음과 같이 주석하고 있다. "니시다는 의식이라고 하는 것을 개개의 이러저러한 요소의 결집으로서가 아니라, 그것 자체가 체계적으로 발전해가는 것으로 생각하고 있다. 이 점은 자기의 순수

---

66 필자는 "통합"이라는 말이 갖고 있는 오해의 여지와 "integral"이란 단어가 갖고 있는 의미로 인해, "통전"이란 말을 더 선호한다. 그러나 일반적으로는 "통합"이라고 널리 쓰이고 있기에, 특별한 경우를 제외하고는 이 양자를 혼용해서 사용하고자 한다.

67 西田幾多郎/小坂國繼(編),『善の研究』(東京: 講談社, 2006/2016), 36.

경험을 〈모자이크 철학〉이라든가 〈복수의 사실의 철학〉이라고 불렀던 제임스와는 다른 것이며, 오히려 피히테나 헤겔 등의 독일 관념론 철학의 생각에 가깝다."[68] 즉 니시다의 사상은 심리학이라기보다 철학 또는 심리학에 바탕을 둔 철학이라고 보아야 한다는 말이다.

『선의 연구』 이후의 연구는 어떠한가? 이 시기에서의 핵심개념을 이루는 개념들은 '자각, 반성, 직관, 의지, 절대의식, 장소(토포스), 절대무' 등이다. 이 개념들은 『선의 연구』의 핵심 질문인 "유일 실재란 무엇인가?"에 대한 일련의 응답들에 다름 아니다. 이 개념들은 니시다의 사상 안에서 선불교를 비롯한 동양의 지혜종교의 용어, 서양 관념철학과 신비주의의 용어가 교묘하게 융합되어 표현되고 있다. 또한 『선의 연구』 이후 니시다 사상에 있어서 헤겔 철학의 영향은 절대적이다.[69]

이러한 니시다의 사상을 어떻게 규정할 수 있을까?

이 글은 니시다의 사상을 형이상학적 심리학, 심리학적 형이상학 또는 철학적 심리학, 심리학적 철학이라고 규정하고자 한다. 형이상학적 심리학과 심리학적 형이상학은 그 강조점이 어디에 있느냐에 따라 달리 구분되는 것이다. 철학적 심리학과 심리학적 철학도 마찬가지다. 철학을 배경으로 하여 심리학적인 문제를 다르고 있다면 철학적 심리학이라고 부를 수 있을 것이고, 심리학을 배경으로 철학을 전개한다면 심리학적 철학이라고 부를 수 있을 것이다.

실제로 이러한 구분은 이미 분트와 니시다에 의해 행해진 바 있다.

---

68 같은 책, 38.

69 니시다와 그의 제자들이 주축이 되었던 교토학과 좌파(헤겔, 마르크스)의 관계에 대해서는 다음 책을 참조할 것. 大橋良介(編), 『京都學派の思想: 種種の像と思想のポテンシャル』(京都: 人文書院, 2004), 제1장. '교토학과좌파'의 상.

예를 들어, 니시다가 『선의 연구』 이전 시기에 영향을 받고 있었던 분트(Wundt)는 '경험적 심리학'과 '형이상학적 심리학'을 구분하고 있었으며,[70] 그 자신은 경험적 심리학의 입장을 지지했다. 분트는 형이상학적 심리학에 대해 다음과 같이 규정했다.

> 형이상학적 심리학은 심적 경험으로부터 해석하고자 하는 것이 아니라, 어떤 형이상학적인 기체(基體)의 가설적인 프로세스에 대한 어떤 전제로부터 도출하고자 한다.[71]

그런데 니시다는 "심리학 강의"에서 분트가 사용한 이 구분을 사용하지 않고, 이 구별을 '과학적 심리학'과 '철학적 심리학'으로 바꿔 불렀다. 그리고 자신의 철학의 심리학적 기반을 〈철학적 심리학〉이라고 불렀다.

> 철학적 심리학은 현상을 떠나서 정신의 본체를 연구한다. … 정신적 현상의 과학적 연구… 이제 강론하고자 하는 바는 이러한 종류의 과학적 심리학이다.[72]

철학적 심리학을 어떻게 정의하면 좋을까? 좀 더 이해하기 쉽게 말하자면, '철학에 있어서 형이상학의 구축을 위한 심리학적 의식 연

---

70 W. Wundt, *Grundriss der Psychologie* (Leipzig, 1897), 7 재인용. 中嶋優太, "意思の自由と理想: 〈倫理学草案〉を手がかりとし," (2010.12), 9.

71 W. Wundt, *Grundriss der Psychologie*, 8 재인용. 中嶋優太, 9.

72 西田幾多郎/竹田篤司外(編), 『西田幾多郎全集』16(東京: 岩波書店, 1978), 93.

구'라고 할 수 있을 것이다.

분트가 형이상학적 심리학이라고 부르고, 니시다가 철학적 심리학이라고 불렀던 것과 유사한 철학이 있을까? 필자는 헤겔의 정신현상학이야말로 니시다의 철학적 심리학과 가장 유사한 것이라고 생각한다. 즉 정신현상학은 정신의 형이상학인 것이다. 그리고 편의상 필자는 켄 윌버의 용어에 맞추어 이를 다시 〈의식의 형이상학〉이라고도 부른다. 이러한 점에서 니시다의 사상은 형이상학적 심리학에 근거한 심리학적 형이상학, 철학적 심리학에 근거한 심리학적 철학이라고 불러도 좋을 것이다. 필자는 여기에 더해 〈종교심리철학〉이라는 하나의 학문분야에 대한 정의가 내려지기를 바라는 마음이다. 그것은 니시다나 윌버처럼 종교와 철학과 심리학을 아우르는 철학적 시도들에 관한 것이다. 종교와 철학이 어우러져 종교철학을 이루고, 종교와 심리학이 어우러져 종교심리학을 이루듯이, 종교와 심리학과 철학이 어우러진 종교심리철학이 하나의 전문적인 연구 분야로 정착되기를 기대해본다.

윌버의 심리학은 트랜스퍼스널 심리학에서 출발했다. 그리고 윌버 제5기에 즈음하여, 트랜스퍼스널 심리학을 넘어선 인티그럴 심리학을 주창했다. 통합심리학 또는 통전심리학은 어느 한 개체로서의 인간이나 전체로서의 인간을 넘어서 우주의 심리 현상을 다룬다. 혹자는 어떻게 우주에게 심리가 있느냐고 물을 수 있다. 또 혹자는 이러한 심리학적 형이상학, 심리철학이 무슨 의미가 있는가라고 물을 수 있을 것이다. 그러나 그것이 옳건 그르건 이러한 시도는 고대로부터 현대까지 계속적으로 행해져온 철학의 역사 그 자체였다. 서양의 관념철학, 의식 또는 마음을 근원으로 삼고 있는 불교철학 등은 모두 의식에 관한 심리(마음의 이치)를 다루는 철학이다. 그러므로 전혀 이상할 것이 없다. 그리고 이러한 철학들은 모두 나름대로 우주에 관한 형이상학을 구축하고 있지 않은가? 그것의 진위와는 별개로, 그 자체에 대한 연구만으로도 의미가 있다. 그것이 우리 인류의 정신사였다고 하는 점에서 말이다.

4. '순수경험'과 '자각': 통일성과 신을 향하여

본 연구는 그중에서도, 니시다 기타로의 '순수경험'과 '자각'을 연구대상으로 삼고자 하였다. 사실 평생에 걸친 니시다의 연구과제는 '실재란 무엇인가'에 관한 것이었다. 그리고 이 물음에 대한 그 자신의 첫 응답으로 주어진 것이 바로 '순수경험'이었다. 앞에서도 잠깐 언급한 바 있지만, 순수경험이라는 개념은『선의 연구』이후 급속히 사라졌음에도, 그가 스스로 밝힌 바와 같이, 이 물음과 응답의 기조는 평생에 걸쳐 지속적으로 견지되었다고 보아야 할 것이다. 그렇지만 내부적으로는 여러 방면의 사상적 영향과 변화를 거쳐나갔다.

특히 니시다는 불교의 선체험(견성체험)을 '순수경험', '자각', '절대무', '장소' 등의 개념으로 이해하여 발전시켰다. 평생에 걸친 니시다의 이 광범위한 수많은 연구들은 '순수경험'과 '자각'이라는 말로 간결하게 표현될 수 있다고 본다.

순수경험, 자각의 표현은 니시다의 연구가 오로지 순수한 인간의 식에 대한 연구였다고 생각하게 한다. 그러나 앞에서도 보았듯이 니시다의 연구는 인간정신 안의 개인의식에 대한 연구가 아니다. 즉 개인심리학의 문제나 개인의 깨달음에 관한 의식 연구가 아니다. 니시다 연구적 입장이 초기『선의 연구』시기의 심리주의적 경향에서 벗어났다는 것은 심리학적 관점을 완전히 벗어났다거나 폐기시켰다는 말이 아니다. 그것은 니시다의 사상이 한 개인의 뇌 안에서 일어나는 의식에 관한 심리학적 연구나 개인적 종교체험에 관한 연구를 포함하면서도, 동시에 그것을 넘어 그 연구지평을 형이상학적, 종교철학적, 역사철학적 관점으로 넓혀나갔다고 하는 말이다. 니시다의 형이상학은 개인심리학이 아니라 초개인심리학의 지평에서 시작한다. 개인의 지평을 넘어선 우주의 지평에 대해 논하고 있는 심리학이라는 점에 있어서는 켄 윌버 초기 사상의 심리학적 입장이었던 트랜스퍼스널 심리학(Transpersonal Psychology)의 입장과 일치한다. 또한 형이상학, 역사, 문화, 과학 등의 사상을 통합적으로 조명하고자 했던 윌버 중후기 사상의 입장인 인티그럴 심리학(Integral Psychology)의 관점 안에서 조망될 수 있다. 따라서 본 연구는 순수경험과 자각의 문제를 순수한 종교체험의 문제로만 보지 않지 않고 형이상학적 입장에서 바라본다. 또한 그것이 니시다 사상이 진행해 왔던 입장이기도 하다.

초개인의식이라고 하는 것은 초심리학이나 심령과학에서 말하는 인간의식에 대한 것을 지칭하는 것이 아니다. 그것은 인간의 의식을 넘어선 의식, 인간의 정신을 넘어선 정신을 말하는 것이다. 플라톤, 아리스토텔레스, 플로티누스, 헤겔 등 많은 철학자들에 의해, 선의 이데아, 세계이성, 일자, 절대정신, 신 등 다양한 이름으로 불려왔던 보편의식 또는 절대의식을 가리키는 말에 다름 아니다.

니시다는 이러한 의미에서, 플라톤이 선의 이데아를 궁구했던 것처럼, 〈선(善)의 연구〉에 평생을 헌신했다. 또한 절대적 동일자 Ich를 연구했던 피히테의 〈사행〉(事行)을 그의 사상의 주요한 요소로 받아들였다. 또한 헤겔의 〈절대정신〉(Geist) 개념, 〈변증법〉 개념, 〈종합적 통합〉개념, 〈이성과 실천〉 개념, 〈역사철학〉적 개념을 상당부분 비판적, 자기성찰적, 동양적으로 수용하였다.

이상의 철학자들은 모두 존재와 사유의 전개 과정을 하나의 관점에서 보았던 사람들이다. 이 점은 니시다가 제임스(James)의 심리학보다 그린(Green)의 형이상학을 그의 사상적 모태로 삼았다고 하는 점에서 분명하게 드러난다. 켄 윌버의 사상은 바로 이 점에서 니시다의 사상과 접점을 갖고 있다. 윌버 역시 세계의 전개 과정을 존재와 사유의 전개 과정 속에서 바라본다. 그러나 한편으로 근현대적 시각에서 보면, 존재와 사유를 분리하지 않았던 고대적 사유의 잔재라는 비판에 직면할 수 있기도 하다. 어쨌든 이 사상가들은 물론, 니시다와 윌버에게 실재는 정신 또는 의식이다. 물질과 정신의 이분법을 극복하고 통일하고자 했음에도, 니시다가 여전히 주관적 유심론자라고 불리는 이유다. 이는 유심론과 유물론의 양단을 극복하고 했던 중관(中觀)의 공(空) 사상이 여전히 마음 중심의 유심론이라는 범주로 분류되고 있는 것과 같은 이유다. 윌버의 통합심리학 또는 통전적 의식 연구도 인간의 개인의식만이 아니라 개인을 넘어선 보편의식, 더 나아가 물질에 반대개념으로서의 좁은 의미에서의 정신은 물론, 물질에서 정신에 이르는 우주의 역사적 전개 과정에 대한 형이상학적 응답을 시도하고 있다. 이러한 점에서 윌버의 개념과 사상은 세계의 분화, 발전 등에 대해 이야기하고 있는 니시다의 의식현상에 대한 분석과 비판에 중요한 역할을 수행할 수 있다.

니시다의 관심이 선불교를 중심으로 한 종교철학에 있었다면, 월버의 관심은 특정 종교보다는 통합적 관점을 중심으로 한 종교철학에 있었다고 할 수 있다. 물론 윌버의 관심은 신비주의와 영성에 관심을 둔 동양종교, 인도종교에서 출발하였다. 그러나 이후 티벳 불교, 대승 불교 등으로 그 관심의 영역을 넓혀갔으며, 제4기 이후에는 기독교 영성에까지 그 관심의 영역을 외연을 확장해 나갔다. 그리고 그것은 소위 세계의 위대한 종교들의 영성, 더 나아가 모든 종교의 영성에 대한 하나의 통합적 도식을 제공하고자 하였다.73 이러한 종교들은 모두 의식을 개인의식뿐만이 아니라 우주의식이라는 관점에서 바라보고자 하는 전통에 서 있다. 윌버는 그것을 종교의 전통에 따라 영(Spirit), 절대정신(絶代精神), 우주심(宇宙心), 대심(大心), 일심(一心), 브라흐만, 공(空) 등으로 표현하고 있다고 본다.

이 과정에서 중요한 것이 보편성이다. 니시다는 그것을 '통일성'이라고 불렀으며, 또한 '통일적 혹자'라고도 했으며, 심지어는 '신'(神)이라고도 불렀다. 바로 이 점에서 니시다의 순수경험과 자각의 문제는 종교철학적 의미, 신학적 의미를 갖게 된다. 이 "통일성" 개념이야말로, 니시다의 종교체험의 의미, 종교철학적 의미, 형이상학의 의미, 역사적 의미를 풀어줄 가장 핵심적인 키워드이기 때문이다. 또한 이것이야말로 본 연구가 기존의 연구들과 다른 차별성을 갖고 있는 지점이라고 생각한다. 본 연구는 켄 윌버의 관점 및 신학의 관점에서 이에 대한 문제의식을 끄집어내보고자 한다. 그것은 트랜스퍼스널이라는 개념을 버리고, 통합(통전, Integration)이란 개념을 새롭게 정립했

---

73 Ken Wilber, *Integral Spirituality: A Startling New Role for Relgion in the Modern and Postmodern World* (Boston & London: Integral Books, 2006), 215 [그림 I.2] 참조.

던 윌버의 사상 속에서 규명되어야 할 문제다.

그러나 보편개념 또는 보편정신에 대해 비판적이었던 20세기의 철학적 성향(특히, 포스트모더니즘)에 비추어 본다면, 니시다와 윌버 역시 헤겔 및 헤겔 이전의 철학자들이 받았던 수많은 비판에 직면할 수밖에 없다. 그러나 이러한 점들에 대해 다루는 것은 본 연구의 연구 범위를 넘어선 것이다. 하지만, 본 연구에서는 이러한 철학적 비판 이전에 니시다 사상이 갖고 있는 대립의 통일자로서의 일반자(보편자) 개념이 갖고 있는 자체적인 한계점들에 대해 지적할 것이며, 또한 그 것이 왜 세계대전, 일제침략기, 대동아전쟁의 시기의 전체주의적 사고의 도구로 활용될 수밖에 없었는가 하는 한계점을 그의 사상 자체로부터 읽어내야 할 것이다.

니시다 사상은 밀려오는 서양 사상을 수용하여 일본적 입장, 동양적 입장, 불교적 입장에서 주체적으로 재설정하여, 특수 속에서 보편적 가치를 재확립하고자 하였다. 즉 일본이라는 특수한 상황에서 절대무라는 보편적 가치, 통일적 가치를 수립하고자 하였다. 그러나 실제로 그 이론적인 면에서나, 현실적인 면에서나 모두 니시다의 사상은 진정한 보편주의로 나아가지 못했다. 국가, 천황, 군벌이라고 하는 계급적, 전체주의적 위계질서에 터한 사이비 보편성에 굴복하고 말았다.

아래로부터의 위를 향해 포함하며 초월해나가는 중층적 세계관을 가진 켄 윌버의 통합사상은 니시다 사상이 갖고 있는 보편적 사고의 한계를 지적하고 극복하는 하나의 대안으로서의 보완적 기능을 수행할 수 있는 가능성은 충분하다. 하지만, 윌버의 통일성 역시 역사성의 문제를 다루고 있지 못하다. 고통 받는 세계의 인간들, 생물들의 현실을 담아내지 못한다면 그러한 통일성이 과연 어떤 의미를 갖는 것일까?

5. 『철학개론』과 『선의 연구』에서의 인식론적 형이상학적 순서의 의미

니시다는 실재 또는 유일 실재에 대한 물음에 앞에, '순수경험이란 무엇인가'라는 물음을 던져놓는다. 그 이유는 무엇일까? 그것은 바로 '앎을 통해서 실재를 인식할 수 있는가 또는 직관할 수 있는가' 하는 것을 이야기하기 위함이었다고 판단된다. 다시 말해, 실재란 무엇인가에 대해 이야기하려면, 앎의 문제를 먼저 해결해야 하는 것이 순리라는 말이다.

니시다는 인식론에 대한 언급, 경험에 대한 언급에서 시작한 후 실재의 문제를 다룬다. 이 논리 전개의 선후관계를 바로 보는 것은 중요하다. 즉 의식현상이 유일 실재라고 선언한 후 순수경험에 대해 말한 것이 아니라, 경험, 순수경험에 대해 이야기 한 후 의식현상이 유일한 실재라고 말하고 있는 것이다. 즉 경험에 대한 여러 가지 입장을 나열한 후, 자신의 순수경험의 입장을 밝히고, 그 후 물체현상이 아니라 의식현상만이 유일 실재라고 하는 자신의 입장을 주장하는 방식을 채택하고 있는 것이다.

이러한 구도는 코오사카 마사아키가 정리해 놓은 니시다의 『철학개론』의 순서도 마찬가지다. 그것은 철학에 대한 전반적인 서술(제1편), 인식론(제2편), 형이상학(제3편)으로 구성되어 있다.

더욱 세부적으로 들어가면, [인식론]의 제2장에서는 모사설, 명증설, 비판주의, 실용주의. 실재론, 현상학 등 고대에서 현대에 이르는 다양한 인식론적 입장에 대해 논술하고 있다.[74] 이 입장들은 고대로부터의 인식론의 대전제인 〈존재와 사유〉의 일치[75]의 문제를 각자 나름대로의 방식으로 다루고 있는 것들이다. 니시다는 이와 같은 다양한 인식론의 입장들을 들여다봄으로써, 이러한 인식론적 입장들이 과연 진정으로 실재를 인식 내지 직관할 수 있으며 또한 실재에 대해 무엇을 말할 수 있는가를 짚고자 한 것이라고 판단된다.

또한 [인식론]의 제3장에서는 경험론, 합리론, 신비주의 등 인식의 기원의 문제에 대해서 논하고, 곧이어 제4장에서는 실재론, 회의론, 관념론 등 인식의 타당성에 대한 문제를 다룬다. 이것은 무엇을 의미하는가? 경험론과 합리론은 이미 고대 플라톤, 아리스토텔레스 등 고대 철학자들에게 초생적인 형태로 제시되고 있었던 것이다. 다만, 고대 그리스 철학자들은 경험적 인식을 낮은 수준의 인식, 합리적 이성적 인식을 높은 수준의 인식으로 구별하고 있었다. 그러나 근대에 이르러서는 경험론과 합리론은 서로 다른 길을 걸었다. 가장 확실한 인식의 방법은 무엇인가 하는 물음에, 전자는 경험적 사유를, 후자는 이성적 사유를 내세웠던 것이다. 니시다는 이 양자를 각각 비판하는 한편, 인간의 인식에는 신비주의가 갖고 있는 직관적 사유도 있다는 것을 상기시킨다. 또한 신비주의가 동양사상의 가장 깊은 근저를 이루는 것이었다는 점을 강조한다.[76] 신비주의가 가장 뒤에 언급되는 것은 니시다의 강조점이 뒤에 있다는 것을 시사해주기도 하는 것이다. 그것은 곧 니시다가 의도하는 〈순수경험〉에 대해 이야기하고자 하는 전초적 의미를 갖는다고 볼 수 있다. 제4장에서 다루고 있는 실재론,

---

74 西田幾多郎/高坂正顯(編),『哲學概論』(東京: 岩波書店, 1953/1970), 60-87.
75 요한네스 헤센/ 이강조 옮김,『인식론』(서울: 서광사, 1986), 14; 25. 인식론의 문제는
    주체와 객체, 주관과 객관의 문제인 것이다.
76 西田幾多郎,『哲學概論』, 103.

회의론, 관념론의 배치순서도 이러한 의미와 다르지 않다. 다만 니시다를 주관적 관념론자로 보는 비판가들의 입장과 달리, 니시다는 자신의 순수경험을 관념론과 유물론의 대립이 아니라 이 모든 것을 포괄하는 의식이라고 주장했다는 사실에 유의해야 한다.[77] 그러나 관념론은 앞 2개의 입장보다 니시다의 입장에 더 가깝다.

이 모든 인식론에 대한 검토와 진단을 통해, 니시다는 이제 형이상학에 대한 문제로 나아간다. 형이상학적 물음이란 무엇인가? 그것은 바로 '실재란 무엇인가?', '유일 실재란 무엇인가'라는 물음이다.

니시다 종교철학의 본격적인 출발을 알리는 저서는『선의 연구』였다. 그렇기에 니시다 사상의 연구에 시발점이며, 또한 그래서 니시다 사상에 대한 대부분의 연구가 여기에 집중되어 있는 것도 사실이다.

이 책은 크게 [제1편 순수경험], [제2편 실재], [제3편 선(善)], [제4편 종교]로 구성되어 있다. 이 책이 주장하고자 하는 가장 큰 주제는 무엇인가? 순수경험인가, 실재인가, 선인가, 종교인가?

그런데 니시다는 왜 제목을 〈순수경험 연구〉도 아니고, 〈실재연구〉도 아니고, 〈종교연구〉도 아니라, 〈선의 연구〉로 정했을까? 여러 가지 추측과 이유가 있겠지만, 아마도 〈선〉이라는 개념 자체가 플라톤 이래로 서양 철학사에서 궁극적 실재를 의미하는 말이기 때문일 것이다. 플라톤에게 있어서 〈선〉이란 〈가장 훌륭함〉이며 〈선의 이데아〉란 〈모든 이데아의 이데아〉, 〈실재 중의 실재〉이었다. 중세는 이러한 플라톤의 정신을 이어받아 신을 〈최상선 〉(Supreme Good)이라

---

77 西田幾多郎,『善の研究』, 193. 니시다는 자신의 입장이 유심론과 유물론의 이원론을 통합한 이론이라고 주장한다. 그러나 코오사카는 니시다의 사상을 주관적 유념론으로 분류한다. 같은 책, 489.

고 표현하였다. 근대 칸트 철학에서도 〈선〉은 세 가지 비판 중에서도 최상의 위치를 점하고 있는 실천이성의 영역에 있었다.

이러한 의미에서 보면, 순수경험, 실재, 선은 토톨로지(Tautology)에 다름 아니다. 그런데 니시다는 〈선〉을 단순히 아레테의 최상의 상태로서의 선(善)이 아니라, 행위와 윤리와 관련하여 사용하고 있다. 이러한 면에서만 보면, 의미상으로는 칸트 철학에 더 가깝다.

그러면 종교는 어떠한가? 위 세 가지 개념 이외에 왜 니시다는 '종교'라는 주제를 〈선의 연구〉라는 4가지 주제 중에 하나로 삼았을까? 그것은 적어도 두 가지의 의미가 있다고 추정할 수 있다. 하나는 3번째 주제인 선과 관련된 것이다. 선은 최상의 실재이면서 동시에 윤리의 근거이며 목적이다. 니시다는 바로 이러한 선의 의미가 종교의 의미에 부합한다고 보았을 것이다. 종교야말로 선의 행위, 완전한 행위를 위한 실천이성의 무대라고 말이다.

다른 하나는 신(神)이다. 니시다가 이 저서의 〈종교〉라는 주제에서 다루고 있는 것은 종교의 본질과 신이다. 그리고 더 나아가 신과 세계의 관계, 앎과 사랑에 대해 다루고 있다. 그렇기에 4번째 주제는 종교가 아니라 신이라고 해도 무방하다. 다만, 앞에서 언급한 바와 같이 실천적 의미를 강조하는 입장에서 이렇게 소제목을 달았을 것으로 생각된다. 사람들의 흥미를 끄는 것은 흔히 무신론이라고 생각하는 선불교에 입각한 니시다의 사상이 신에 대해 이야기하고 있다는 점이다. 그러나 이것은 동·서양 철학을 통합적으로 전개하고자 했던 니시다 사상의 전반적인 흐름에 대해 이해한다면, 문제거리가 되지 않는다. 유의할 점은 여기서 말하는 신은 서양종교나 철학, 즉 기독교신학이나 기독교철학에서 말하는 신과 동일하지 않다는 점이다. 니시다는 서양 철학과 신학의 전통적 의미를 검토하면서 자신의 종교철학에 입각한 신에 대해 이야기하고 있기 때문이다. 우리는 이 글의 마지막 파트에서 이에 대해 다룰 것이다.

다시 돌아가, 니시다가 왜 이 4가지 주제를 이러한 순서로 배열했는가에 대해 생각해보자. 그런데 요상한 것이 있다. 보통은 '실재란 무엇인가'라는 보편적인 대전제를 먼저 설명하고, 순수경험에 대해 논하는 것이 일반적인데, 니시다의 경우는 실재보다 순수경험에 대해서 먼저 논하고 있다. 즉 "유일 실재란 무엇인가?"에 대한 물음이 먼저고, "순수경험이 유일 실재다"라는 대답이 나와야 하는 것이 순서일 것이다. 그러나 니시다의 순서는 반대다.

이 점을 이해하기 위해서는 『선의 연구』의 전체적인 목차의 의미를 이해해야 한다. 저서의 목차는 순수경험, 실재, 선, 종교라는 순서를 갖고 있다. 이것이 의미하는 바는 무엇인가? 그것은 이 문제에 접근하고 풀어가는 니시다의 방식이 인식론에서 출발하여, 존재론적으로 확증하고, 윤리의 문제를 거쳐 종교의 문제로 귀결되고 있음을 보여준다. 확실히 니시다의 철학이 종교철학임을 드러나는 장면이다. 이러한 구성은 순수경험과 자각을 매개로 통일성으로서의 신이라는 종교적 주제를 향하고 있는 이 글의 목적과 취지에도 부합하는 면이기도 하다.

V. 순수성과 궁극성에서 본 순수경험과 자각

—통전적 의식 연구의 관점 1

니시다가 추구했던 평생의 연구과제는 오직 하나였다. 즉 유일 실재란 무엇인가?

앞에서 본 바와 같이, 그의 사상적 개념은 시기에 따라 여러 다양한 용어로 표현되는 변천과정을 거쳐 갔다. '순수경험', '자각', '장소', '변증법적 일반자', '행위적 직관', '절대무', '절대모순적 자기동일', '역대응', '평상저' 등은 그 표현은 다르지만, 모두 유일 실재에 대한 그의 물음에 대한 응답적인 표현이다.

이 개념들은 각각 의미하는 바가 다르기는 하지만, 이 개념들이 담아내고 지향하고 있는 바는 대동소이하다 할 것이다. 그것은 참 실재란 무엇인가, 모든 사유와 존재의 근저가 되는 바탕의식은 무엇인가에 대한 응답이었고, 그것이 세계와 어떻게 관계하는가에 대한 응답이었다.

초기에 니시다는 이것을 '순수경험'이란 개념에서 찾았다. 그의 첫 저서인 『선의 연구』는 〈순수경험〉의 문제에서 출발하며 그 중핵을 이루고 있다. 그러면 순수경험이란 무엇인가?

1. 의식의 순수성

1) 순수경험, 직접지(直接知)

초기 니시다의 관심은 의식의 순수성에 있었다. 그는 종교적 경험의 요체를 '순수경험'이라는 표현 속에서 찾았던 것이다. 그렇다면 니시다는 이 순수경험이란 무엇인가에 대해 답해야 한다. 따라서 그는 이를 실재성의 문제를 인식의 문제와 결부시켜 탐구했다.

먼저 그 물음은 실재성은 우리의 의식현상과 독립된 객관적 세계에 있는 것인가 하는 것에서 출발한다. 물론 이 물음은 결국 의식현상이 유일 실재라고 하는 그의 확정적인 답을 위한 물음이었다. 다음으로 니시다는 서양 철학사를 통해 이 물음을 검토한다. 관념론자들은 마음[관념]을 통해 실재성을 탐구했으며 마음이야말로 실재라고 보았다. 합리론은 개념적 지식을 통해 실재성을 탐구했고 경험론은 경험적 인식을 통해 실재성을 탐구했다.[1] 유물론자들은 감각경험과 물질 개념을 통해서 실재성을 탐구했다.

이와 같은 철학에서의 실재성의 탐구의 출발점은 바로 가장 확실한 지식이 무엇인가, 달리 말해, 무엇이 실재를 알 수 있는 가장 확실한 지식인가를 물었던 것이라 할 수 있다. 이 점에서는 니시다도 이러한 전통적인 철학의 인식론적 방법을 따랐던 것이라 하겠다. 다만, 그는 이러한 확실한 지식을 '직접지'라는 용어를 사용하여 표현하고 있을 뿐이다. 그러나 니시다는 관념도, 개념도, 경험도 실재에 대한 방

---

1 西田幾多郎/高坂正顯(編), 『哲學槪論』(東京: 岩波書店, 1953/1970), 178-179.

법론적 확실성을 주지 못한다는 확신을 갖고 있었다고 볼 수 있다. 니시다는 위 철학적 전통과는 달리, 가장 확실한 인식은 '순수경험'이라는 종교적 체험 안에 있다고 본 것 같다. 그리고 그의 이러한 확신은 그 자신의 선불교적 종교체험이 그 밑바탕에 깔려 있었기 때문일 것이다. 그 체험이 먼저이고, 그 사상이 먼저이고, 기타 철학적 서술은 이를 논증하기 위한 수사에 불과하다 할 것이다.

앞에서 짱쩡위엔의 데카르트의 합리론, 훗설의 현상학과의 비교를 통한 니시다의 순수경험에 대한 연구에서도 본 바 있지만, 니시다 자신도 철저한 철학적인 검토를 위해 아우구스티누스와 데카르트의 철학을 검토한 후 자신의 견해를 피력하는 방식을 채택하고 있다.

그는 아우구스티누스는 '나는 안다'(진리의 본)와 '나는 사랑한다'(선의 본)를 직접 진리라고 했으며, 데카르트는 '나는 생각한다'를 직접 지식의 출발점으로 삼았다는 점을 자신의 논점의 비교 대상으로 삼는다. 이러한 철학사적 검토 후에, 니시다는 '인과관계' 또는 '인과적 추론'에 의해서 '생각함'에서 '존재함'을 추론한다면, 그러한 종류의 지식은 직접지가 아니라는 점을 지적한다. 그리고 그는 직접지란 앎 자체, 판단 이전의 앎, 언어 이전의 앎, 추상적이지 않은 앎, 의식 이전의 앎이라고 주장했다.[2]

보다 직접적으로 니시다는 순수경험을 "직접지"(直接知) 또는 "직접 경험"이라고 했다.

지금 만일 참 실재를 이해하고, 천지인 삶의 진면목을 알고자 한다면,

---

2 같은 책, 180.

의심할 수 있을 만큼 의심하여 모든 인공적인 가정을 버리고, 의심해도
의심할 수 없는 직접적인 지식을 근본으로 삼지 않으면 안 된다.3

조금의 가정도 두지 않는 직접적인 지식에 기초해서 본다면, 실재란
오직 우리의 의식현상 즉 직접 경험의 사실일 뿐이다4

이러한 면에서 니시다는 가장 확실한 지식(앎)을 추구했던 근대 서
양 철학의 인식론적 전통 하에 서 있다. 예를 들어, 데카르트는 〈방법
적 회의〉를 통해 가장 확실한 지식에 이르는 길을 택하였고, 영국 경
험론자들은 〈경험의 확실성〉을 통해 확실한 지식에 이르는 방법을
택했다. 니시다의 문제의식도 여기에서 출발한다. 그러나 니시다는
합리론이나 경험론이 아닌 제3의 인식인 신비주의적 직관에서 가장
확실한 지식을 찾고 있다.5 즉 순수경험의 직각지에서 찾고 있다.
  케다 마사코(気多雅子)는 니시다의 글을 분석하여, 〈순수경험〉이
란 ① 의심할 수 없는 직접 지식, ② 직각적 경험의 사실(의식현상에
대한 지식), ③ 유일 실재(참 실재)라고 정리했다.6 다시 말해, '순수경
험 = 직접지 = 직각적 경험의 사실 = 유일 실재'라고 말할 수 있는 것
이다.

---

3 西田幾多郎/小坂國繼(編),『善の研究』(東京: 講談社, 2006/2016), 140. 西田幾多郎
  /安倍能成外(編),『西田幾多郎全集』1(東京: 岩波書店, 1947), 47.
4 西田幾多郎,『西田幾多郎全集』1, 52.
5 西田幾多郎,『哲學槪論』, 제2편 32장 [인식의 기원].
6 気多雅子, "西田における一性への志向: 善の研究の宗教哲学的意義",『善の研究』刊
  行100周年記念國際シンポジウム發表論文(京都: 京都大學文學硏究科, 2010. 12.
  18), 1.

그러면 순수경험 즉 직각된 경험의 사실은 무엇인가? 니시다는 순수경험이란 '가장 순전한 것'을 말한다고 했다.

"경험한다는 것은 사실 그대로 아는 것"이며, "순수라고 하는 것은… 털끝만치도… 더하지 않는 참으로 경험 그대로의 상태를 말하는 것이다. … 이것이 경험의 최순[가장 순수]한 것이다."[7]

니시다는 또한 순수경험 자체뿐만이 아니라, 사실과 의미의 대립에도 이와 같은 순수함과 비순수함이 적용된다고 주장했다.

순수한 경험과 비순수한 판단이라고 하는 대립은 그대로 사실과 의미와의 대립에도 적용된다. 그러므로 어떠한 의미도 순수경험이라고 하는 원경험으로부터의 추상물에 지나지 않는다. 역으로 순수경험은 모든 판단이나 의미의 본원이며, 가장 풍부한 것이다.[8]

순수함을 추구한 니시다의 사상은 유출과 환원의 구도를 가지고 있는 플라톤, 플로티노스, 데카르트, 셸링, 훗설 철학이나 힌두교, 불교 사상, 신유학, 융 심리학 등과의 유사성을 갖고 있다. 헤겔 이전의 서구 근대사상이 가진 유출환원의 도식이 여기에도 그대로 반영되어 있는 것이다. 선재하는 완전한 이데아. 선재하는 순수선. 선재하는 원형. 또한 동양의 신비주의와의 유사성도 엿보인다. 일체의 생각을 끊

---

7 西田幾多郎, 『善の研究』, 30-31.
8 西田幾多郎, 『西田幾多郎全集』1, 9.

는 불교의 무념무상(無念無想)의 논리 헤아림을 중지하고 하늘이 부여한 선한 성품을 직접 관하는 신유학의 경(敬) 수행법, 선재하는 순수한 선을 보존하고 양육하는 것을 최고의 인격수양으로 삼은 유학의 존양(存養) 개념 등등.

그러나 윌버의 저술에는 이상하리만치 '순수'라는 개념을 찾아보기가 어렵다. 제1기의 윌버는 합일의식이란 말을 선호한다. 아마도 통일성 또는 통합성의 의미에서 바라보기 때문일 것이다. 그리고 그것은 또한 윌버가 추구했던 비이원성(non-duality) 때문이기도 할 것이다.

그런데 여기서 드는 의문이 있다. 오염되지 않는 가장 순수한 의식, 가장 깨끗한 의식으로서의 순수경험 그러나 과연 분별의식의 현현 또는 의식의 발달과정은 오염의 과정인가? 소크라테스와 플라톤처럼 이 세상은 타락한 세상이고 육체는 영혼의 감옥일까?

2) 판단이전의 의식, 주객미분의 의식, 완전합일의 상태

우리가 여기서 다룰 순수경험의 특징은 판단 이전의 주객미분의 상태다. 이것은 앞에서 이야기한 오염되지 않고 가장 순전한 경험 그대로의 상태와 관련해서 생각할 수 있다. 순수경험은 "털끝만치도 사려분별을 더하지 않는" 참 경험 그대로의 상태이다. 그것은 색깔을 보거나 소리를 듣는 순간 느끼는 상태, 판단이 더해지기 이전의 의식 상태를 말한다. 이와 같은 판단 이전의 직각적 앎, 순수경험은 사물을 직각적으로 경험하기 때문에, 주체와 객체의 구분이 없다. 이것이 포인트다. 니시다는 이에 대해 다음과 같이 말한다.

자기의 의식 상태를 직접 경험할 때, [우리는] 아직 주도 없고 객도 없는, 지식과 그 대상이 완전히 합일해 있[는 상태에 있는 것이]다.[9]

그것은 인식하는 주체로서의 '나'도 인식대상으로서의 사물도 없는 주객미분의 상태이며 앎과 대상이 완전하게 합일하고 있는 상태이다.[10]

그것은 직각적 인식이기에 주관과 객관을 나눌 수 없는 것이다. 즉 사실과 인식 사이에 한 오라기의 틈도 없는 순수경험이며, 직각적 앎이다. 사실과 인식 사이에 개념과 판단이 들어설 여지가 털끝만치도 없는 것이다. 또한 털끝만치도 틈이 없기에 그것은 주객이 완전한 합일의 상태에 있는 상태이며 경험이라는 것을 의미한다. 즉 순수경험은 합일경험이다.

그러나 이때 말하는 합일의식은 윌버의 통전적인(integral) 의미에서의 합일과는 좀 다르다. 이것은 주객미분의 원시적(primitive) 의식, 영아의 의식, 태아의 의식을 의미하기 때문이다. 이 글은 앞으로 이러한 원초적 경험으로서의 의식에 대해서 윌버의 인티그럴 심리학의 입장에서 비판적으로 이해하는 시간을 가지려 한다.

그렇지만, 니시다의 순수경험이 반드시 원초적인 의식만을 의미하는 것은 아니다. 니시다에게 있어서 주객미분의 의식이란 의식의 작용이 가해지지 않은, 아마도 무의식적 본능 또는 본능적인 의식이라고 부르는 경우도 순수경험의 예로 사용하고 있기 때문이다. 어쩌면 그것은 동물적 본능이라고 불러도 좋을 것이다. 그러나 여기서 또

---

9 西田幾多郎, 『善の研究』, 30.
10 西田幾多郎, 『西田幾多郎全集』 1, 9.

하나의 의문이 생긴다. 동물적 본능이 판단 이전의 의식이라고 해도, 과연 그것이 주객분리의 분별지를 뛰어넘는 고도의 영적인 개념이라 할 수 있을까?

그러나 또 하나의 순수경험의 예는 매우 숙련된 형태의 의식을 순수경험이라고 부를 수 있게 한다. 예를 들어, 니시다는 깎아지를 듯한 절벽을 타고 내려오는 숙련된 등반가가 무의식적인 판단과 행동을 행하는 경우나 또한 숙련된 음악가가 아무런 사심이나 생각이 없이 악보도 없이 무의식적으로 훌륭한 연주를 하는 경우도 순수경험을 설명하는 예로 사용하고 있다.[11]

이를 좀 더 확장시켜 생각해보면, 순수경험이란 무념무상(無念無想)[12]의 수행법이나 종교 수행자가 오랜 기간의 수련을 거쳐 도달하게 된 그러한 경지를 일컫는 말이라고 보아도 무방할 것이다.

그러나 이와 같은 낭만적인 독법과 해석에도 불구하고, 니시다 사상이 갖고 있는 문제점은 바로 여기서 발생한다. 그것은 판단 이전의 경험과 판단 이후의 경험이 갖고 있는 통일성과 비통일성의 문제를 안고 있기 때문이다.

순수경험이 통일적인 상태임에 비하여, 판단이란 불통일적인 상태인 것이다.

우리들에게 직접적으로 나타나 오는 순수경험에 대하여, 곧 과거의 의식이 운동해 오는 것으로, 이것이 현재의식의 일부와 결합하고 일부와

---

11 西田幾多郎, 『善の研究』, 52.
12 西田幾多郎, 『哲學概論』, 192.

충돌하는데, 바로 여기서 순수경험의 상태가 분석되고 파괴되게 된다. 의미라든가 판단이라든가 하는 것은 이 불통일의 상태이다.[13]

순수한 경험과 비순수한 판단이라고 하는 대립은 그대로 사실과 의미와의 대립으로 이끌어간다. 어떠한 의미도 순수경험이라고 하는 원경험으로부터의 추상물에 지나지 않는다. 역으로 순수경험은 모든 판단이나 의미의 본원이며, 가장 풍부한 것이다.

그러나 주객미분의, 원시적인 지식인 순수경험이 가장 완전하며 가장 풍부한 지식일까? 또한 사실과 의미의 대립구도를 통해 의미의 의미를 격하시키는 것은 아닌가? 도대체 완벽한 선험지라고 하는 것이 있다고 믿을 근거는 있는 것인가? 과거에 완전한 지식이 있다고 하는 점에서, 이것이 플라톤의 이데아나 플로티노스의 일자와 무엇이 다른가? 이것은 누스와도 같은 신성한 존재를 상정하는 원시 범신론과 무엇이 다른가? 이 시기의 니시다의 이러한 주장은 공(空)에 집착한 나머지, 색(色)의 의미를 완전히 희색(稀色)시키고 말았다고 판단할 수 있다. 제1기의 윌버 역시 니시다처럼 이러한 유출-환원론적 구도를 갖고 있었다. 그러나 동일하게 근원으로 돌아가는 방식을 택하고 있어도, 제1기의 니시다처럼 의미보다 사실로, 판단보다 순수경험으로 침잠하지는 않았다. 제1기의 윌버는 의식의 스펙트럼이라는 구조 속에서 상위단계가 하위단계를 초월하며 포함하는 통합적 관계로 보았기 때문이다. 그럼에도 불구하고 니시다에게도 순수경험의 이중성은 있었다. 의미의 세계를 순수경험으로 말하기도 했기 때문

---

13 西田幾多郞, 『西田幾多郞全集』1, 16.

이다. 이 글은 이후 이러한 순수경험의 이중성의 문제를 통해 이 글의
주제인 통일성의 문제를 들여다 볼 것이다.

3) 신비주의, 직관주의

니시다가 신비주의적 관점을 갖는 것은 당연한 일이었다. 니시다가
생각한 신비주의적 관점은 그가 추구했던 사상의 근원인 서양 철학, 인
도 철학, 동양 사상의 가장 깊은 근저를 이루고 있는 것이기 때문이다.

합일의식이라고 하는 점에서 그의 순수경험은 신비주의적인 경험
이라고 할 수 있다. 즉 니시다에게 가장 확실한 지식은 직각적인 순수
경험 또는 주객미분의 합일의식에 있으며, 그것은 일종의 신비적 직관
이라는 것이다.

> 신비주의란… 전체를 직관하려고 하는 것이며, 거기에서 지식이 성
> 립하는 내적 권위, 내적 근거를 찾으려고 하는 것이다.[14]

니시다의 언명에서 알 수 있는 것은 신비주의란 전체를 직관하고
자 하는 것이며, 또한 그렇게 직관적으로 파악된 앎에 가장 근본적이
고 근원적인 앎의 권위를 부여하고자 하는 것이다.

어떻게 보면, 신비주의라고 하는 것은 제3의 앎이라고도 할 수 있
다. 서양 철학 전통의 굳건한 두 가지 앎의 형태인 합리론과 경험론에
견주어 신비주의란 다음과 같은 것이라고 말한다.

---

14 西田幾多郎/安倍能成外(編),『西田幾多郎全集』15 (東京: 岩波書店, 1947), 113.

경험론이란 인식의 기원이 경험에 있다고 하는 것, 합리론이란 사유
에 있다고 하는 것, 신비주의란 일상의 경험이나 사유 이상의 일종의
신비적 직관에 있다고 하는 것이다. 따라서 신비주의는 직관주의라
고 해도 좋다.[15]

또한 니시다는 초이성적 신비적 직관이 있다는 사실을 인정해야
한다고 주장하기도 했다.

감성을 주로 한다면, 경험론이 되고, 이성을 주로 하면 합리론이 된
다. … 감성과 이성의 근저에 도리어 그 양자를 초월하여 그것을 지지
하는 〈초이성적〉(übervernünftig)인 〈신비적 직관〉(mystische
Anschauung)을 인정하는 것이 필요한 것은 아닌가?[16]

신비주의란 무엇인가? 그것은 마술적, 오컬트적 신비주의를 일컫는
말이 아니다. 니시다는 신비주의라는 용어가 주는 사람들의 오해나 선
입견에 대해 충분히 인식하고 있었다(윌버 역시 신비주의에 대한 이러한
오해를 경계했다). 니시다는 신비적 직관이란 심령술이 아니라는 점을
강조했다. 즉 죽은 자의 영과 대화하거나 멀리 떨어진 사건을 영감으로
아는 것이 신비적 직관이 아니라는 것이다. 그러면 참다운 의미에서의
신비주의란 무엇인가? 니시다는 심령술과 같은 비합리적 직관이 아니
라 "감성과 이성을 초월하는 의미에서는 〈초감성적〉(übersinnlich) 내

---

15 같은 책, 88.
16 예를 들어,『哲學槪論』(철학개론), 102. 제2편 〈인식론〉 제3장 [인식의 기원]; 부록
　　제2 제1장 [순수경험].

지 〈초이성적〉(übervernünftig)"이라고 주장했다.[17]

그가 말하는 신비주의는 심령학이 아니라, 분별지와 구별되는 참지식을 추구했던 불교, 플라톤의 신비적 직관, 플로티노스의 신비주의, 궁극의 신을 '어떤 것도 없는 조용함'(Stille ohne Wessen)이라든가 '무저'(無底, Ungrund)라고 불렀던 베메의 신비주의, 독일 관념론철학이다.[18]

이러한 니시다의 주장은 심령술과 (참다운) 신비주의를 구분해준다는 점에서 의미가 있다. 그러나 그것이 의식의 수준에서 어떠한 차이점을 갖고 있는가 하는 것에 대한 설명에서는 아직 모호하다.

윌버의 트랜스퍼스널 심리학, 인티그럴 심리학은 이 구분의 의미를 좀 더 명확하게 설명해줄 수 있다. 제2기(네오-트랜스퍼스널 심리학)[19]의 저서인 『아트만 프로젝트』에서, 윌버는 의식의 성장, 발달의 과정을 크게 〈전의식〉, 〈자아의식〉, 〈초의식〉의 과정으로 설명하기 시작했다.[20] 쉽게 설명하면, 전의식(前意識)은 출생 시부터 자아의식이 형성되기 이전까지의 의식 상태를 말하며, 초의식의 자아의식을 초월한 의식을 말한다. 달리 말해, 전의식은 개념 형성 이전의 전이성적(前理性的) 의식을 말하고, 자아의식(自我意識)은 개념적 의식을 말

---

17 그러나 이러한 오해의 가능성에도 불구하고, 이 말을 대신할 적당한 말이 없다고도 했다. 西田幾多郎/高坂正顯(編), 『哲學槪論』, 102-103.

18 같은 책, 103-104; 112.

19 트랜스퍼스널 심리학과 네오-트랜스퍼스널 심리학의 가장 큰 차이는 의식의 운동 방향성에 있다. 전자는 하향적(下向的)·회행적(回行的)이고, 후자는 상향적(上向的)·전행적(前行的)이다.

20 Ken Wilber, *The Atman Project: A Transpersonal View of Human Development* (Wheaton: Quest Books, 1980), 186 [그림 5] 참조.

하며, 초의식(超意識)은 개념과 이성적 사고를 초월한 의식을 말한다. 의식의 발달 또는 의식의 수준이라는 관점에서 보면, 심령술은 전의식적인 신비주의를 의미하며, 니시다가 신비주의라고 하는 것은 초의식적인 신비주의를 의미한다.[21] 또한 제2기의 월버는 의식의 발달 단계를 좀 더 세분화하여 8단계의 과정으로 설명했다. 즉 태고의식, 타이폰 의식, 멤버쉽 의식, 멘탈-에고의식(진전된 에고), 켄타로우스/심혼의식, 정묘의식, 시원의식, 궁극의식이 그것이다.

심령술, 오컬트, 초상주의와 같은 신비주의는 위 8단계의 의식의 발달과정에 비추어 보면, 제2단계인 마술적 의식이 종교 또는 신비주의에 투영된 신비주의라고 할 수 있다. 이것은 마술적 의식을 평균의식으로 갖고 있는 시기의 종교적 특색이며, 또한 샤먼이나 주술사가 중요한 역할을 수행한다.[22] 월버의 심리학은 원시적 자연숭배 신앙에서부터 고도의 신비주의 신앙에 이르기까지 다양한 종교의 수준을 의식발달의 수준의 차이에서 설명해줄 수 있는 장점을 갖고 있다.

제4기의 월버(인티그럴 심리학)의 월버는 제2기의 관점을 거의 그대로 유지하고 있으나, 이성을 초월한 초의식적 수준의 신비주의를 각 의식의 수준에 따라 자연(natural) 신비주의, 정묘(deity: 유형상) 신비주의, 무형상(formless) 신비주의, 비이원(nondual) 신비주의로 좀 더 세

---

21 월버는 이와 같이 전의식적 신비주의, 초의식적 신비주의라는 말을 사용하지 않았다. 이는 필자의 해설이다.

22 Frank Visser, *Ken Wilber*(2003), 101-103 참조. 또한 이에 대한 상세한 설명과 의미는 이한영, 『앎과 영적 성장』(서울: 문사철, 2013), 205-213. 뷔저는 이 설명에서 태고적 의식과 마술적 의식을 분리하지 않고 사용하고 있으나, 필자는 구분해서 사용할 필요가 있다고 본다. 왜냐하면, 각각 태고의식은 자연숭배사상, 마술의식은 주술적 신앙을 설명하기에 적합하기 때문이다.

분화하여 설명하고 있다.[23] 의식의 발달수준에 따른 이러한 구분은 신비주의를 하나로 뭉뚱그려 생각하는 오해를 벗어나, 신비주의의 다차원적인 측면을 이해하는 데에 큰 도움을 줄 수 있다. 하지만 이에 대한 논의는 이 글의 논의전개상 불필요하므로 생략하고자 한다.[24]

4) 비자아의식, 초개인의식, 무아의식

니시다는 신비적 직관을 경험과 사유의 밖에 있는 제3의 입장이라고 주장한다. 그것은 경험과 사유보다 더 근원적이며 두 대립을 감싸안으며 전체를 직관하며 내적 권위와 근거를 갖고 있는 인식이다. 니시다는 그것을 '비합리적'(irrational)인 것이 아니라, 오히려 '초이성적'이라고 강조한다.[25] 의식에 근저에 있는 초이성적인 것, 그것이 신비적 직관이라는 말인 것이다. 윌버의 빛에서 말하면, 이때의 〈비합리적〉이라고 하는 말은 합리성을 뛰어넘는다는 의미에서의 〈초(超)-합리성〉을 의미하는 것이 아니라, 아직 합리성이 형성되지 않았다는 의미의 〈전(前)-합리성〉을 의미한다고 보아야 한다.

그러나 니시다에게는 전(前)과 초(超)를 구분하는 이러한 사유는 발견되지 않는다. 〈비합리성〉이라는 표현에 양의성이 있음에도 불구하고 말이다. 비합리성이라는 단어는 전합리성과 초합리성을 동시에

---

23 Ken Wilber, *A Brief History of Everything* (Boston & London: Shambhala, 1996), 182.
24 자세한 내용과 해설은 켄 윌버의 『모든 것의 역사』나 이한영의 『앎과 영적 성장』을 참조할 것.
25 西田幾多郎, 『哲學概論』, 112-113.

의미할 수 있다. 신학에서 신의 격을 표현하는 '비인격'이라는 말도 마
찬가지다. 현대신학은 인격신을 넘어선 신관을 표현하기 위해 종종
비인격이라는 개념을 사용하고 있는데, 인격신과 대비되는 이러한
비인격신이라는 표현은 물격과 신격, 전인격과 초인격의 의미를 모
두 갖고 있는 양의성이 있다. 윌버는 이러한 혼란에 대한 인식을 분명
하게 자각했다. 그리고 이 양자를 혼동하는 것을 〈전초오류〉라고 불
렀다.26 따라서 비합리성을 전(前)과 초(超)로 구분하는 윌버의 전초
개념은 의식의 수준에 의해 신비주의를 이해함에 있어서 매우 유용한
방법으로 사용될 수 있다.

이 지점에서 우리가 주목하고자 하는 것은 니시다가 신비주의를
초합리적인 것으로 파악하고 있다는 점이다. 그렇다면 초합리적인
의식이란 무엇인가? 이제 이러한 관점을 〈자아〉 개념과 관련시켜서
접근해보자. 형이상학의 문제에 있어서, 서양 철학이 유(有)의 개념
에 천착했다고 한다면, 동양 철학은 무(無)의 개념에 천착했다. 마찬
가지로, 자아의 문제에 있어서, 서양 철학이 자아의 문제에 천착했다
고 한다면, 동양 철학은 무아(無我)의 문제에 천착했다고 할 수 있다.
특히, 불교철학이 지향해 온 바가 그러하다.

이러한 문제의식에 응하여 니시다는 서양 철학의 자아개념과의 비
교를 통해서 자신의 순수경험의 입장을 밝히는 방법을 채택했다.『선
의 연구』에서, 그는 데카르트의 "나는 생각한다. 그러므로 나는 존재
한다"가 [개념적] 추리가 아니라, 실재와 사유를 합일시키는 직각이

---

26 켄 윌버/김철수 옮김, 『아이 투 아이: 감각의 눈, 이성의 눈, 관조의 눈』(서울: 대원,
   2003), 331.

라면 자신의 출발점과 동일하다고 주장했다.[27] 즉 실재와 사유의 일치라고 하는 전통적인 인식론의 과제의 입장에서 보면, 데카르트의 방법적 회의나 니시다 자신의 순수경험의 입장이 추구하는 바는 같다는 발언인 것이다.

이러한 니시다의 주장이 올바른 것일까? 이것이 니시다의 진의였을까?

코오사카 쿠니츠쿠는 니시다의 순수경험을 주해하면서, 순수경험은 데카르트의 "코기토 에르 고 숨"에서 출발하는 서구 근대의 주관주의의 입장과는 대극에 있는 사고방식이라고까지 말하고 있기 때문이다.[28]

그러나 짱쩡위엔의 비교연구는 이러한 주장에 대해 다른 입장에서 바라보는 시각을 제공해준다. 그는 "cogito, ergo sum"(나는 생각한다. 그러므로 나는 존재한다)이란 표현은 데카르트의 『성찰』에 존재하지 않으며, 『제2성찰』에서 증명된 제1의 진리가 "ego sum ego existo"(나는 있다, 나는 존재한다)라는 사실을 환기시킨다.[29] 무슨 말인가? 아마도 짱정위엔의 의도는 다음과 같은 것이었다고 판단된다. 즉 "나는 생각한다. 그러므로 나는 존재한다"는 데카르트의 명제추리는 니시다의 말대로 직각이라고는 할 수 없다. 그러나 『제2 성찰』에 등장하는 "나는 있다. 나는 존재한다"는 표현은 데카르트가 추리가 아닌 직각적 사유에 대해 언급한 것이라고 볼 수 있다는 것이다. 이 지점에서의 결정적인 차이점은 무엇인가? 그렇다. 〈생각〉과 〈있다〉의 차이가 추론

---

27 西田幾多郎/安倍能成外(編), 『西田幾多郎全集』제1권(東京: 岩波書店, 1947), 49.

28 西田幾多郎/小坂國繼(編), 『善の硏究』(東京: 講談社, 2006/2016), 49.

29 張政遠. "経験をめぐって." 『善の硏究』刊行100周年記念國際シンポジウム發表論文 (京都: 京都大學文學硏究科, 2010. 12.18), 3.

과 직각의 차이를 표명해주고 있다는 점이다(그런데 '코기토 에르고 좀'
이 추리인가 직관인가 하는 것에 대해서는 입장에 따라 논란이 있다. 그러나
형식상으로는 추론의 형식이지만, 내용상으로는 직관적 자명성을 갖고 있다는
주장도 있다).[30]

그러나 니시다에게는 더 중요한 점이 있었다. 그것은 "그러므로"라
는 표현이다. 니시다는 이것을 인과적 표현이라고 보았다. 그렇기에 니
시다는 "데카르트에서도 아우구스티누스에게서도, '코기토 에르고'
(나는 생각한다. 그러므로)라고 하여, 〈인과법칙〉으로 말미암아 sum(나
는 존재한다)을 추론한다면, 이것은 참다운 직접 진리라고 말할 수 없
다"[31]고 했던 것이다. 이것은 아마도 니시다의 사유가 인과적(因果的)
사고보다 즉(卽)의 사유 안에 있었기 때문이라고 판단된다.

그런데, 짱쩡위엔은 『선의 연구』에서의 니시다의 출발점이 "코기
토 에르고 좀"도 아니고, "에고 숨 에고 엑시스토"도 아니며, 오히려
〈순수경험〉이라는 입장이었다고 주장한다.[32] "경험이라고 하는 것은
사실 그대로 안다는 뜻"이며, "순수라고 하는 것은 털끝만큼도 사려분
별을 더할 수 없는 참으로 경험 그대로의 상태"[33]라는 니시다의 정의
는 '나'라고 하는 실체적 유(有)의 존재로부터도, '있다'라고 하는 존재
적 유(有)의 존재로부터도 '그러므로'라는 방식으로 인과적으로 추론
할 수 없다는 주장이라 할 것이다.

무엇이 데카르트와 니시다를 가르는 차이일까? 위 내용을 토대로

---

30 최명관 역저, 『방법서설 · 성찰 · 데카르뜨 연구』 (서울: 서광사, 1983), 158.
31 西田幾多郎/高坂正顯(編), 『哲學槪論』, 180.
32 張政遠, "経験をめぐって," 4.
33 西田幾多郎, 『善の研究』, 30.

필자는 이렇게 생각한다. 즉 직관이라고 하는 점에서는 데카르트와 니시다가 공유점을 갖고 있다고도 볼 수 있으나, 결정적인 차이는 자아와 비자아라는 측면에 있다. 즉 데카르트의 직관적 사유에서는 여전히 〈자아〉(ego)가 강조되어 있으나, 니시다의 직관적 사유에서는 자아가 아니라 완전히 자기를 버린 〈사실 그대로의 앎〉이 강조되어 있는 것이다. 즉 니시다의 주장을 데카르트 식으로 빗대어 말하자면, 의심할 수 없는 가장 선재적인 것은 (순수한) 〈자아〉가 아니라 (순수한) 〈앎〉(경험) 그 자체다. 이것을 필자는 우선 '비자아의식'이라고 표현하고자 한다. 데카르트의 선재적 기초는 '자아의식'에 있었으나, 니시다의 선재적 기초는 '비자아의식'에 있었다고 말이다.

니시다는 "개인이 있어 경험이 있는 것이 아니라, 경험이 있어 개인이 있는 것이다. 개인적 경험이란 경험 중에 있어서 한정되는 경험의 특수한 하나의 작은 범위에 지나지 않는다"[34]고 했다. 쨍정위엔은 이를 두고 니시다에게 있어서 〈의식〉이란 〈나의 의식〉을 말하는 것이 아니며, 또한 〈의식〉이란 〈초개인적인 경험〉을 강조한 것이라고 해석한다.[35] 초개인적 경험이란 무엇인가? 그것을 영어로 번역하면 '트랜스퍼스널'(transpersonal)이 된다. 이렇게 말하면 다소 낯설고 어렵게 느껴지겠지만, 〈초아〉(超我)나 〈무아〉(無我)라고 하는 동양적 표현을 사용하면 매우 친숙하고 익숙한 개념으로 다가온다. 그래서 트랜스퍼스널 심리학을 일부에서는 자아초월심리학이라고 부르기도 하는 것이다. 자아초월심리학은 초아의 심리학 또는 무아의 심리

---

34 같은 책, 72.
35 張政遠, "経験をめぐって," 4.

학인 것이다.

트랜스퍼스널 심리학 또는 인티그럴 심리학적인 관점에서 말하면, 니시다가 이야기한 〈비합리적인 의식〉과 〈초이성적인 의식〉은 〈전자아의식〉과 〈초자아의식〉으로 표현할 수 있다. 윌버의 심리학은 의식을 〈전자아의식〉, 〈자아의식〉, 〈초자아의식〉으로 구분하고 있기 때문이다. 간단하게 표현하면, 〈전아〉(前我), 〈자아〉(自我), 〈초아〉(超我)라고 할 수 있을 것이다.

그런데 자아를 초월한 순수 그대로의 경험, 순수 그대로의 존재가 있다면, 그것은 과연 무엇인가? 이러한 물음은 서양에서의 신(神), 동양에서의 무(無)의 개념을 향해 한걸음 더 나아가게 한다.

5) 현재의식

니시다의 순수경험은 현재의식이다.

의식현상이어도, 다른 사람의 의식은 자신에게 경험불가능하며, 자기의 의식이어도 과거에 대한 상기, 현전이어도, 이것을 판단할 때에는 이미 순수의 경험이 아니다. 참 순수경험은 어떠한 의미도 없는 사실 그대로의 현재의식인 것이다.[36]

이는 마치 중세의 신학자 아우구스티누스가 신의 시간을 영원한 현재라고 했던 것을 떠올리게 한다. 그것이 신이 아니라 순수경험의

---

36 西田幾多郞, 『善の硏究』, 30.

시간이지만 말이다.

그런데 순수경험만이 현재의식이 아니다. 니시다는 더 나아가 순수경험뿐만이 아니라, 추상적 개념의식을 포함한 모든 정신현상이 현재의식이라고까지 주장했다.[37] 그는 한 걸음 더 나아가 의미와 판단도 현재의식 위에 있다고 했다.

의미라든지 판단이 생겨나는 것도 결국 현재의 의식을 과거의 의식에 결합하는 것으로부터 일어나는 것이다. … 의미라든가 판단이라든가 하는 것은 현재의식과 다른 것과의 관계를 시사하는 것이며, 즉 의식계통 안에 있어서의 현재의식의 위치를 나타냄에 지나지 않는다.[38]

니시다의 이러한 발언은 순수경험을 사실과 의미로 구분한 그의 주장과 일견 모순되어 보인다. 그러나 이것이 모순으로 보이는 것은 뒤에서 본격적으로 다루게 될 순수경험의 이중성의 문제 때문이다. 사실과 의미, 순수경험과 판단은 서로 대립하고 모순된 것으로 보이지만, 사실 또는 순수경험뿐만이 아니라, 의미와 판단의 영역도 그것이 '이것' 안에만 있으면 현재의식이다. 그러면 이것이 무엇인가? 이것이 바로 이 글이 핵심논제로 삼고 있는 '통일성'이다. 통일작용이 활동하고 있는 때에는 모든 의식현상은 순수경험이란 말이다.

어떠한 의식이 있어도, 그것이 엄밀한 통일의 상태에 있을 그 때에는

---

37 같은 책, 31.
38 같은 책, 43.

언제나 순수경험이다. 즉 단지 사실이다.[39]

이 통일작용 안에서 그것이 과거의 기억이든 미래의 기대든, 경험적 사유이든 추상적 사유이든, 의미나 판단이든 그것은 현재의식이다. 아마도 영원한 현재의식이라는 것이 더 적합한 말일지도 모르겠다. 니시다는 통일성과 불통일성의 관계에서, 현재의식과 시간의식, 순수경험과 의미판단을 구별하고 있는 것이다.

그런데 현재의식이 순수경험과 도대체 무슨 관계가 있는가? 니시다에 의하면, 순수경험은 "있는 그대로의 사실을 직시"하는 것이다. 불교식 표현으로 하면, 여여(如如)한 세계를 관조(觀照)하는 것이다. 있는 그대로의 사실을 직시한다고 하는 것은 과거의 의식이나 미래의 의식일 수 없다. 그것은 언제나 현재를 직시하는 것이다. 이러한 의미에서, 니시다는 "의식현상이어도, 다른 사람의 의식은 자기에 경험이 불가능하며, 자기의 의식이어도 과거에 대한 상기, 현전이어도, 이것을 판단할 때에는 이미 순수의 경험이 아니다. 참 순수경험은 어떠한 의미도 없는 사실 그대로의 현재의식인 것"[40]이라고 했던 것이다. 과거나 미래가 현재를 향해 수렴한다고 표현해도 무방할 것이다.

순수경험은 현재의식이다. 그것은 바로 위대한 영성가들이 한결같이 외쳤던 "바로 지금 여기"와 일맥상통한다. 여기서 말하는 "바로 지금 여기"는 유한한 시간과 공간의 의미가 아니다. 그것은 바로 순간으로 영원을 표현하는 방식이다. 유한한 현재 내지 과거 현재 미래라는 분절적 의미에서의 현재가 아니다. 그것은 바로 영원한 현재를 일

---

39 같은 책, 43.
40 같은 책, 31.

컫는 말이어야 할 것이다.

월버 역시 현재의식을 강조한다. 그는 이 현재의식을 표현하기 위해 수많은 동서고금의 영성가들의 예를 든 후, "바로 지금 여기"라는 전통적인 영성의 명제를 사용했다.

영원은 이 현재의 본성이며 무시간적 순간이다. … 그것은 언제나 이미 지금이다. 현재는 유일한 실재다. 거기에 또 다른 실재란 없다.[41]

그리고 월버에게 합일의식이란 이 영원한 현재를 발견하는 의식이며, 생과 사를 초탈한 삶으로 이끄는 의식이다.

시간을 초월한 현재에 산다는 것, 순간의 아이들이 된다는 것은 그래서 영원과 합일의식의 전체 문제의 핵심이다. 왜냐하면, 무시간적 현재란 '시간에서 영원으로, 죽음에서 불사로' 이끌어주는 좁고 곧은 길 외에 다른 것이 아니기 때문이다.[42]

"바로 지금 여기"의 현재의식은 머릿속에서 인식하는 관념적 의식이 아니다. 그것은 바로 우리가 사는 삶의 시간과 공간으로 침투하는 영원한 현재다. 그렇기에 합일의식은 주관적 관념의 세계나 육체와 영혼을 가르는 이분법적 이원적 의식이 아니라, 삶을 생생하게 살아 있게 만드는 의식이라고 해석할 수 있다.

---

41 Ken Wilber, *No Boundary: Eastern and Western Approaches to Personal Growth* (Boston & London: Shambhala, 1983), 58.
42 같은 책, 60.

니시다의 실재성을 탐구하는 철학적인 탐색과 달리, 윌버는 현재 의식을 바로 우리의 삶의 문제로 직결시킨다.

우리가 경계들이 환상이라는 것을 꿰뚫어 볼 때, 타락 이전의 아담이 보았던 우주를 우리는 바로 지금 여기서 보게 될 것이다. … 대립들이 하나로 실현될 때, 부조화가 조화가 되고, 싸움이 춤이 되며, 적들이 연인이 된다.[43]

순수경험의 현재의식이 갖는 의미가 무엇인가? 이 의미세계를 초월한 무념무상의 무의미의 세계가 진정 실재라는 것을 주장하기 위함인가? 그래서 니시다의 철학은 〈순수경험〉의 세계로부터 나와서 〈역사적 현실〉의 세계로 나아가야 할 것이다. 역사철학의 문제로 뛰어든 제3기 이후의 니시다는 과연 이러한 시도에 성공했는가? 이에 대해서는 앞으로 두고 보아야 할 문제이다.

6) 통일적이고 연속적인 흐름

이제까지의 순수경험에 대한 규정을 보면, 순수경험이란 정지되어 있고 불변하는 단순하고 단일하며 순전한 무엇이라고 생각하기 쉽다. 의미의 세계가 변화를 상징한다면, 순수경험의 세계는 그 반대여야 하기 때문이다. 또한 통일성의 측면에서 보아도, 순수경험은 통일성이고 판단의 세계는 그 통일성이 깨어진 세계이어야 한다. 실제로

---

43 같은 책, 29.

니시다의 주장도 그러하다.

> 엄밀한 통일의 상태에 있을 때에는 언제나 순수경험이며 단순한 사실
> 이며 현재의식인데, 이 통일이 깨질 때 즉 다른 것과의 관계에 들어갈
> 때, 의미나 판단이 생겨나는 것이다. … 의미라든가 판단이라든가 하
> 는 것은 소위 의식의 이와 같은 불통일의 상태를 말하는 것이다.[44]

판단이 생기는 것은 순수경험의 통일성이 깨지고, 순수경험이 대
상화되는 때이다. 달리 말해, 순수경험이 통일적인 상태임에 비하여,
판단이란 불통일적인 상태인 것이다. 그래서 마치 이 통일성이란 어
떤 사유도 끼어들 틈이 없는 단단한 통일적 밀폐성이라고 생각할 수
밖에 없다. 불순물이 끼어들어서는 안 되기 때문이다. 순수의식 원형
(archetype)의 알껍질이라고나 할까?

그러나 니시다는 순수경험이란 통일적이며 연속적인 흐름이라고
주장한다. 그렇다면 니시다는 왜 일견 모순되어 보이는 이러한 주장
을 하고 있는 것일까? 필자가 보기에, 그것은 순수경험의 의식이란
고정불변하는 실체이어서는 안 되기 때문이다. 의식을 흐름으로 생
각했던 것은 윌리엄 제임스의 '의식의 흐름' 개념이나 베르그송의 '지
속' 개념이 상당부분 영향을 미쳤던 것으로 추정할 수 있다.

의식은 일면에 있어서는 통일성을 갖고 있음과 동시에 또한 일방에
서는 분화 발전의 방면이어야 한다. 그럼에도 제임스가 '의식의 흐름'

---

44 西田幾多郎, 『善の研究』, 55.

에서 설명했던 것처럼, 의식은 그 나타나는 곳을 대상으로 하고 있는 것이 아니라, 함축적으로 다른 것과 관계를 갖고 있는 것이다.[45]

이 글에서 니시다는 의식이 통일성과 분화 발전의 양 방면을 모두 갖고 있으며, 그것을 제임스의 '의식의 흐름'과 연관하여 설명하고 있다. 코오사카 쿠니츠구는 이 문장에 대한 설명을 위하여 제임스의 의식의 흐름을 다음과 같이 주해한다.

제임스에게 의식은 어떠한 의미에서도 실체적인 존재가 아니다. 즉, 본체 없는 부단한 흐름과도 같은 것이라고 생각하여, 그것을 "의식의 흐름"이라고 불렀다. 이 흐름에 있어서는 의식의 통일은 있지만, 통일의 주체나 본체는 존재하지 않는다.[46]

즉 니시다는 서양 철학의 실체적 개념에 의해서 순수경험을 규정하기를 원하지 않았던 것이다. 의식을 고정불변하는 실체로 보는 것은 본래의 불교사상과도 맞지 않는다. 불교의 가장 근원적이고 기초적인 교리인 삼법인(三法印) 중에 제법무아(諸法無我), 제법무상(諸法無常)의 개념이 있지 않은가? 이러한 불교교리에서는 나라고 하는 실체란 없으며, 모든 것이 변한다고 하는 것이 법(法)이다. 이것이 곧 '흐름'이 아니고 무엇인가?

시로사카 신지(城阪真治)는 제임스의 『심리학 원리』를 참조하면서 니시다의 주장을 분석했다. 그리고 이를 통하여 통일적이며 연속적인

---

45 같은 책, 44.
46 같은 책, 45. 주해 7.

흐름이라는 니시다의 순수경험에 대한 규정에 대해서 설명한다.

먼저 의식상의 현재의식은 포착될 수 없는 것이라는 제임스의 주장은 다음과 같다.

> (현재의 순간)은 잡는 순간 녹아버리고, 접촉하기 전에 달아나버리기, 오는 순간 가버린다.[47]

제임스는 의식이 계기(繼起)하고 있는 상태를 〈의식의 흐름〉이라고 불렀고, 이 흐름 안에서 추이(推移)하고 있는 부분을 반성에 의해 포착하기 곤란하다고 말하고 있다.[48] 그러면 왜 이런 곤란함이 생겨나는가? 제임스는 이 곤란함이 의식의 흐름을 산산이 분절하는 것에서 발생한다고 생각했다. 그리고 이를 설명하기 위해 E. R. 클레이(Clay)의 겉보기 현재(specious present)에 대한 논의를 인용하였다. 그리고 "시간에 대한 우리의 지각을 구성하고 있는 단위는 지속(duration)"[49] 이라고 했다.

그런데 니시다는 "순수경험의 현재는 제임스와 같은 포착할 수 없는 이미 존재하지 않는 현재가 아니라"고 한 마디로 잘라버린다.[50] 니시다에게서도 순수경험은 반성에 의해 포착하기 이전의 직접 경험이 사실이라는 점에서는 같다. 다만 그것은 반성으로부터 달아나버리는

---

47 William James, *The Principle of Psychology*, vol.1 (Dover Publications, 1950), 608. 재인용. 城阪眞治, "『善の研究』における独我論の論駁,"『善の研究』刊行100周年記念國際シンポジウム發表論文 (京都: 京都大學文學研究科, 2010. 12.18), 7.

48 William James, *The Principle of Psychology*, vol.1, 243.

49 같은 책, 609.

50 西田幾多郎,『西田幾多郎全集』1, 11.

"사상(思想)상의 현재"의 의식 상태(狀態)가 아니라, 오히려 직접 경험되고 있는 '있는 그대로의 사실의 존재양태'라는 것이다.[51]

그러면 이 두 사람의 현재의식에 대한 생각이 서로 다르다는 것만으로 논의는 끝나도 좋은가? 이제 여기서부터 우리가 주목해야 할 문제가 나온다. 그것은 통일성의 문제다. 제임스는 반성에 의해 '의식의 흐름'이 파편화, 단편화되는 것을 피하기 위해서 의식의 통일적 상태를 확보하려고 한다. 이에 비해 니시다는 하나의 핵(核)과 그것을 둘러싼 연훈(緣薰)이 서로 융합하여 통일상태를 형성하고 있다는 제임스의 설명만으로는 불충분하다고 보았다. 니시다는 이러한 의식이 조금의 사상도 섞이지 않은 주객미분의 상태이어야 한다고 생각했다. 시로사카는 바로 여기에 니시다가 생각하는 〈통일〉이 성립하고 있다고 말한다.[52]

필자의 이해로는 제임스와 니시다의 차이는 통일성에 대한 해석에 있는 것으로 생각된다. 제임스에게 통일성은 〈지속〉이란 개념을 통해 반성에 의해 파편화되는 의식의 흐름을 통일하는 감각으로 본 반면에, 니시다에게 통일성은 구체적 현실을 경험할 때 일어나는 주객미분의 의식의 통일성이라고 할 수 있다. 그리고 니시다에게 이것은 이미 주어진 통일성이다. 즉 이 양자의 차이는 파편화된 것을 융합하는 것이 아니라 이미 주어진 것을 향해 자신을 열어놓는 것의 차이이다.

의식의 연속적인 흐름과 통일성이라는 발상은 그것 자체만으로 놓고 볼 때에는 윌버의 의식의 스펙트럼의 구조나 의식진화론적 구조와

---

51 城阪真治, "『善の研究』における独我論の論駁," 8.
52 같은 글, 7-9.

유사하다. 그러나 그 내용에 있어서는 윌버와 상당히 다른 점을 보여주고 있다. 의식을 고정불변하는 실체로 보지 않는다는 점에서는 이 두 사람의 견해는 일치하고 있다. 그러나 니시다에게 있어서는 그것은 통일성 안에서 작용하는 흐름인데 비해서, 윌버에게 있어서는 의식 자체가 변화이며 흐름이며 통일이다. 이 차이는 어디에서 오는 것일까? 그것은 의식(순수경험)을 주객미분의 원시적(primitive) 통일성으로 보느냐, 아니면 의식을 주객통합의 시원적(causual) 발달론적(developmental) 통일작용으로 보느냐의 차이이다. 윌버에게 있어서 의식은 단 하나의 층이 아니라 스펙트럼 형태로 계층적으로 또는 중층적으로 펼쳐져 있으면서 상위수준이 하위수준을 초월하면서 포함해나가는 초월적 통일작용 자체이며 또한 전체이다. 니시다에게 있어서는 순수경험의 통일성 안에 있으면 판단도 순수경험이다. 그러나 비통일성 안에 있으면 순수경험이 아니다. 대단히 이분법적이고 이원론적이다.

이러한 면에 있어서는 니시다보다는 차라리 윌리엄 제임스의 언설이 윌버의 의식발달론적 과정과 흡사하다.

현재의 의식은 과거의 전(全)의식을 상속하고 그것에 현재의 의식을 부가하여 미래의 의식으로 전달해간다. 또한 미래의 의식은 그것 이전의 전(全)과거의 의식을 상속하고, 그것에 새로운 자신의 의식을 더하여 더 나아가 미래의 의식에 전달해 간다. 이렇게 해서 의식은 말하자면 눈 덩어리 식으로 팽창해 올라가는 의식현상의 흐름, 그럼에도 실체가 없는 부단의 흐름이라고 생각하였다.[53]

<순수경험의 시기>의 니시다에게 있어서, 공(空)과 색(色)의 관계 중, 색(色)의 의미는 무엇일까?

2. 의식의 궁극성: 자각과 비이원의식

1) 순수경험에서 자각으로

앞에서 보았듯이, 니시다의 사상은 유일 실재(참 실재)를 규명하는 것에 있었으며, 또한 순수경험을 규명하는 것에 있었다. 초기에 그는 이것을 '순수의식'에서 찾았고, 이후에는 이것을 '자각'에 의해서 규명해보고자 하였다.

그런데 자각"이라는 개념은 이미 『선의 연구』출간 이전의 니시다 초생기 시기에 등장하고 있다는 사실을 발견할 수 있다. "윤리학초안 제1"(1905)이나 "심리학강의"(1905)에서 니시다는 자각, 자기, 품성(캐릭터), 자기의식, 개인성(개체성) 등의 개념들에 대해 다음과 같이, 규정한다.

이 작용이 현저하게 의식되는 것을 **자각**(self-consciousness)이라고 하는 것이다. 내가 자기(self)라고 하는 것은 이 통일을 행하는 것이다. 이 **자각**이 충분히 발달하고 자신의 정신작용이 자신의 작용이 되는 것을 **자각**하고 있는 자를 인격(person)이라고 한다. 또한

---

53 西田幾多郎, 『善の研究』, 45-46.

의지가 통일작용을 이룰 때 그 기초가 되는 관념과 감정의 계통을 각
사람의 품성(character)이라고 하는 것이다.[54]

다시 말해, 이미 니시다에게는 자각에 대한 이해가 있었다고 하는
것이다. 그러나 중요한 점은 이 초생기의 니시다는 그것을 전면적으
로 본격적으로 유일 실재와 관련된 중요한 개념으로 내세우지 않았다
는 점이다. 제1기의 니시다는『선의 연구』에서 있는 그대로의 사실을
직시하는 순수한 순수경험에 집중하였기에, 자각의 의미에 주의를
기울이지 못했던 것이다.

'순수경험'이『선의 연구』이후 급속하게 자취를 감춘 이유는 무엇
인가? 그것은 니시다 스스로가 '순수의식' 개념의 불충분성을 인식했
기 때문일 것이다. 또한 그것은 순수경험의 양의성 때문일 것이다. 순
수경험은 의미 이전의 무의미였다. 그러나 또한 의미이기도 했다.

순수경험은 한편으로는 어떠한 의미도 없는 사실 그대로이며, 다른
한편으로는 지정의의 내용을 담고 있고 의미를 갖고 있으며 의미로
가득찬 것이다.[55]

니시다는 이 둘 모두를 순수경험이라고 했다. 니시다는 순수경험
과 판단, 사실과 의미와의 구별의 기준이 되고 있었던 〈통일〉이나
〈불통일〉이라는 것도 결국 〈정도의 차〉일뿐이라고 말하고 있다.[56]

---

54 『西田幾多郎全集』15, 169. "재인용". 中嶋優太, "意思の自由と理想: 〈倫理学草案〉
　　を手がかりとし," (2010), 4. 강조는 필자가 함.
55 高坂正顕, 「西田幾多郎先生の涯崖と思想」(札幌: 総文社, 1971), 77.

따라서 후대의 학자들의 입장은 이를 둘로 나누어 보아야 한다는 입장과 이 둘을 하나로 보아야 한다는 입장으로 갈려 있는데, 이에 따라 니시다의 순수의식을 바라보는 관점에서도 차이를 보이고 있다.

어쨌든 『선의 연구』에서는 불충분하게 논의되었고 불완전했던 〈순수경험/판단〉, 〈사실/의미〉, 〈구체/추상〉의 구분은 이에 대한 질문에 답하면서 〈사실-즉-의미〉로 대체되었으나, 순수경험 자체가 사유나 반성을 향해 문을 닫아버림으로써 애초에 순수경험을 토대로 모든 것을 설명하려던 그의 계획은 불충분한 채로 끝나버렸다.

코오사카 마사아키(高坂正顕)는 사실과 의미를 나누었던 순수경험의 양의성 자체를 미성숙함이라고 바라본다.[57] 하지만 니시다가 의식의 미분과 의식의 분화를 대립이 아니라 원천적 통일성 속에서 바라보고자 한 것이라는 입장도 있을 수 있다.

그것이 불충분함이었든, 미성숙함이었든, 아니면 니시다에 대한 오해이든, 니시다 역시 순수의식이 갖고 있는 의미의 한계에 대해 인식했던 것만큼은 분명하다. 그리고 그러한 인식은 '순수의식'을 대신해 '자각'이라는 개념이 자리 잡게 된 동기로서 작용했다고 볼 수 있다.

니가타 노부카즈의 연구는 니시다의 사상이 순수경험에서 자각으로 어떻게 이행되어갔는가 하는 과정을 잘 서술해주고 있다. 『선의 연구』 이후 니시다가 스스로 '악전고투의 기록'이라 부르는 『자각에 있어서의 직관과 반성』이 단행본으로 간행된 것은 1917년이다. 『선의 연구』에서 말하는 '순수경험의 사실'은 모든 차별상을 자신 안에

---

56 西田幾多郞/安倍能成外(編), 『西田幾多郞全集』 제1권(東京: 岩波書店, 1947), 16.
57 高坂正顕, "西田幾多郞先生の涯崖と思想," 77.

포함하면서, '주객의 대립도 없고, 정신과 물체의 구별도 없고, 물즉심, 심즉물, 오직 일개의 현실 있을 뿐'인 그런 것이었다. 즉 그 근저에는 '무한의 통일'을 가지면서, 동시에 다른 한편에서는 차별상의 '무한의 충돌'도 안에 감싸고 있는 것이었다. 그러나 이러한 설명 속에서는 반성의 성립에 대해 설명하기 어려운 곤란함이 있었다. 즉 "어떻게 해서 '주객'이 성립되는가?" "어떻게 해서 '일'(一)에서 '다'(多)가, '직관'(直觀)에서 '반성'(反省)이 생겨나는가?" 하는 물음에 대한 응답에 한계가 있었던 것이다.[58]

직관과 자각은 안과 밖의 의식이다. 직관은 주객미분의 내적의식이며, 반성은 직관에 대한 외적 의식이다. 그리고 자각은 직관과 반성의 근원이면서, 바탕에 있으면서, 이 두 계기를 통합시키는 통합의식이다. 이찬수의 말대로, "자각에 대한 니시다의 입장은 순수경험, 그에 대한 반성, 그리고 이들 관계의 논리적 결과가 각각 '직관', '반성', '자각'이 되는 것으로 요약될 수 있다.[59] 여기서 우리가 눈여겨 볼 개념은 자각이 근원, 바탕, 통합이라는 말이다. 이것은 자각이 무엇인가를 직접적으로 지시해주는 용어다. 이러한 니시다의 생각은 윌버의 인티그럴 심리학이 말하는 근원의식, 바탕의식, 통합의식(통전의식)의 개념에 비추어 볼 필요가 있다.

어쨌든 니시다는 위와 같은 논리를 통해, 순수의식에 있어서의 양면성의 문제를 하나로 통일시킨다. 즉 미분(未分)에서 분화(分化)로

---

58 미야카와 토루 저/아라카와 이오쿠 편/이수정 옮김, 『일본근대철학사』(서울: 생각의 나무, 2001), 194-195.
59 이찬수, "교토학파의 자각이론: 니시다 기타로를 중심으로,"「원불교사상과 종교문화」 50(2011), 280.

전개되는 순수의식의 문제를 자각이라고 하는 용어 속에서 통합시키려 했던 것이다. 자각이란 자기 안에서 자기를 비추면서 무한히 전개되어 가는 체계이다.

니시다는 윌리엄 제임스의 심리주의를 극복하고, 신칸트 학파의 주지주의-논리주의, 베르그송의 주의주의-직관주의의 자극을 받았다. 그리고 '순수경험'을 피히테 철학에서의 '사행'(事行: Tathandlung)과 유사한 '선험적인 자각'으로 파악했다. 그리고 이 과정 속에서 직관, 반성, 자각의 관계를 새롭게 모색해나간 것이다. 자각은 직관과 반성의 내면적 관계 및 통일적 관계를 밝히는 것이다.[60]

니시다가 피히테의 자아 형이상학으로부터 '사행' 개념을 수용한 것은 자각이 자기 안에서 자기를 비추며 무한히 발전해가는 체계라는 생각을 좀 더 체계적으로 규명해야 할 필요성 때문이다. 피히테는 칸트가 남겨 놓은 현상과 물자체의 매개가 불가능한 대립을 극복하고자 했다. 피히테는 그 이유로 칸트가 주관에 속하는 인식 형식과 인상으로 주어진 내용(재료)을 구분했기 때문에 발생했다고 생각했다. 따라서 피히테는 이러한 모순을 제거하려 했다. 그 방법은 인식의 근거뿐만이 아니라 세계의 근거도 하나의 동일한 것이어야 했다.[61] 피히테는 전체세계의 내용이 자아에 근거를 가진다고 보았다. 자아가 처음에 자기 자신을 정립한 후 비아를 정립한다. 그리고 이러한 자아와 비아의 상호제한을 통해서 세계는 현상으로 성립한다. 그러나 이때의 자아는 개별적이며 경험적이 아니라 보편적이고 초경험적인 자아,

---

60 같은 책, 195-196; 198.

61 Curt Friedlein, *Geschichte Der Philosophie* (Berlin: Erich Schmidt Verlag, 1980), 262-263.

즉 "의식일반"(Bewuβtsein überhaupt)이다.[62] 이러한 초경험적 자아로서의 의식일반이라는 생각은 트랜스퍼스널 심리학이 말하는 초개인적 의식, 윌버의 심리학이 말하는 우주의식(Universal Mind)과 일맥상통하는 부분이다. 피히테에게 있어서 자연의 모든 현상과 역사의 사실은 의식일반으로서의 자아의 통일적 정신적 활동에서 성립하는 것이다.

니시다는 이러한 피히테의 철학의 영향 속에서 '사행' 개념을 '자각'을 설명하는 도구적 개념으로 사용했다. '사행'(事行: Tathandlung)은 행위로 생겨난 사태(Tat)와 행위(Handlung)가 결합된 개념으로, '인식된 것'과 '인식행위'가 동전의 양면과도 같다는 것을 의미하는 말이다. 또한 피히테는 "나는 나다"라는 신의 자기규정처럼, 자신 안에서 스스로를 정립하는 자아(I)를 인식의 근원이자 인식의 행위자로 보았다. 사유되는 자아와 사유하는 자아가 동일하다는 통일적 의식이 바로 '자각'이다.[63] 그러면 '비춘다'는 의미는 무엇인가? 니시다에게 있어서 자각이란 '자기 안에서 자기를 비추는 것'인데, 비춤은 행위이자 봄이다. '봄'이라고 하면 감각적 시각을 떠올리기 쉽지만, 여기에서의 '봄'이란 사물의 이치를 꿰뚫어보는 동양적인 의미에서의 '관'(觀)으로 이해하는 것이 타당할 것이다. 피히테의 자아의 자기인식활동이 니시다에게서는 '비춤', 즉 '봄'으로 재해석되었던 것이라 하겠다.

이후 이러한 니시다의 해석은 행위의 초점이 '작용'에서 '봄'으로 옮겨갔다. "작용하는 것에서 보는 것으로"라는 논문은 이러한 과정 속에서 탄생한 것이라 할 것이다. 그러나 "장소"의 개념으로까지 나아간 『작

---

62 같은 책, 264.
63 이찬수, "교토학파의 자각이론: 니시다 기타로를 중심으로," 282.

용하는 것에서 보는 것으로』(1927) 에서 니시다의 사상은 '절대의지', '절대의식'의 신비로 빠져 들어갔다. 의지란 사유가 도달할 수 없는 깊이이며, 알 수 없는 실재는 '무'이다.『선의 연구』에서, '진정한 자각'은 "의지 활동 위에 있으며, 지적 반성 위에 있는 것이 아니다"라고 말한 것처럼, 그 연장선상에서 니시다는 의지가 지성보다 더 근원적이라는 점을 밀고나간다. 그리고 절대의지를 알 수 없는 신비로 결론짓는 다.[64] 의지를 신비로 규정한 것은 자각 개념을 통해 직관과 반성, 미분과 분화의 문제를 통합적으로 해결해 나가고자 한 니시다의 애초의 의도가 성공적으로 마무리되었다고 보기 어렵게 한다. 니시다 스스로가 악전고투라고 표현한 것도 바로 이러한 점 때문일 것이다.

2) 자각 그 이후- 절대무, 장소, 행위적 직관

니시다의 사상은 이후에도, 논문 "작용하는 것에서 보는 것으로"에서의 '장소', '절대무'의 개념으로 나아갔고, 그 이후로도 '변증법적 일반자', '절대모순적 자기동일성', '행위적 직관' 등으로 표현되었다.

본 연구는 이 광범위한 모든 개념을 모두 세세히 다룰 수는 없다. 하지만, 그 중요성에 비추어보아, 니시다 사상의 귀결점인 '절대무'와 '장소', '행위적 직관'에 대해서 간단히 언급하지 않을 수 없다. 넓은 의미에서 보면, 이 모두가 자각에 대한 의미지평의 확대 또는 연장이라고도 볼 수 있다.

자각에 대한 연구가 직관과 반성의 관계를 설명했다고 하더라도,

---

64 미야카와 토루/아라카와 이오쿠 편,『일본근대철학사』(2001), 197; 200.

그것은 또 다른 숙제를 남기고 말았다. 그것은 유와 무의 관계였다. 니시다는 의식의 근저에 있는 통일 자체를 절대의지(無)의 신비 속으로 숨겨버렸다.

니시다가 절대의지를 신비적인 무(無)라고 술어화한 것은 절대인 스스로의 반성작용 그 자체를 정당화하는 것이었다. 그러나 아무리 '무'라고 규정하더라도, 이 '무'를 바깥에서 보고 있는 스스로의 사유작용 그 자체는 '무'의 개념의 바깥에 남겨져 있다. 사유 작용 그 자체는 '유'로서 '무'와 대립한 채로 남겨져 있는 것이다.『작용하는 것에서 보는 것으로』(1927)에서 니시다는 이 '유'와 '무'의 대립을 어떻게 해결할 것인가 하는 것에 집중하였다. 65

니시다의 해결방법은 상대무(相對無)와 절대무(絶代無)의 구분을 통하여 유와 무의 대립의 문제를 해소하려는 것이었다. 아마도 이것은 악무한(惡無限)과 진무한(眞無限)을 구별했던 헤겔의 방법을 응용한 것이 아닌가 하는 합리적 의심이 든다. 쉽게 말해, 이 방법은 유와 무를 대립으로 보는 것을 상대무로, 무를 유를 자기 안에 포함하는 무로 보는 것을 절대무라고 생각하는 방식이라 할 수 있다. 니시다는 신비의 영역에 있는 '무'(無) 개념 바깥에 남겨진 '반성하는 나'라고 하는 '유'(有)를 이러한 방식으로 내재화시켰다. 이는 무(無)와 유(有)를 상대적, 대립적으로 파악하는 것이 아니라, 유(有)를 포함하고 초월하는 무(無), 자아(自我)를 포함하고 초월하는 무아(無我)적인 개념이라고도 해석할 수도 있을 것이다.

사실 이러한 절대무와 장소의 개념은 중관불교의 '공'(空) 개념의

---

65 같은 책, 200-201.

서양 철학식(헤겔철학식) 표현인 것으로 보인다. 절대무는 모든 개체
와 특수를 생생하게 자기 안에 포괄하는 장소다. 장소란 일체 자각의
근거며, "의식 바로 그 안에서 의식을 안으로부터 초월하면서 대상화
되지 않은 의식을 성립시켜주는 동시에 의식된 대상의 존재도 성립시
켜주는 근거다."[66] 불교식으로 표현하면, 순수경험이 각(覺)의 체험
이라면, 자각은 그 각의 바탕에 있는 심(心) 자체이며, 절대무와 장소
는 그 심(心)의 본체이며 자리인 공(空)이라 할 수 있지 않을까?

　니시다는 도대체 왜 이런 생각을 했을까? 절대무의 신비 속으로의
침잠으로는 만족할 수 없었을까? 절대무 속으로 침잠하는 것은 하나
의 빗방울이 바다 속으로 사라져 버리고 마는 개체상실의 대양적 체
험(Oceanfic Feeling)에 불과하다.[67] 진정한 신비주의는 신비적 무에
침잠하지 않는다. 그것은 유와 대립하고 유를 소멸시키는 무가 아니
라, 유를 포함하는 무라야 비로소 유를 살릴 수 있기 때문이라고 생각
했던 것이 아닐까? 그래야 대양 속에서 사라져가는 빗방울이 아니라,
대양(無) 속에서 유유히 헤엄치는 물고기(有)의 관계가 성립될 수 있
기 때문일 것이다.

　의식현상에 대한 니시다의 연구는 순수경험에서 출발하여, 자각
에 있어서의 직관과 반성이라는 생각에 이르렀고, 다시 절대의식, 절
대의지라는 개념을 거쳐, 무의 장소로서의 절대무(絶代無)라는 생각

---

66 竹內良知, 『西田幾多郎と現代』(東京: 第三文明社, 1978), 26.

67 이것은 일원론적 신비주의의 한계이다. 비슷한 예로는 바다에 빠져들어간 소금인형의
　이야기인 불교의 예화를 들 수 있다. 신비주의의 종류와 한계에 대해서는 Earle J.
　Coleman, *Creativity and Spirituality: Bonds between Art and Religion* (New York:
　the State University of New York Press, 1998) 4장 Self and Union에 자세히 설명
　되어 있다.

에 이르렀다. 참 실재란 무엇인가? 니시다의 이 물음은 의식현상이 유일 실재라고 했던 생각의 기본취지는 그대로 진행되어 왔던 것이라고 할 수 있다. 다만, 그것의 보다 적합한 개념, 보다 적합한 표현을 개발하고 정립하는 변천의 과정이었다고 생각된다.

'절대무'와 '장소'에 대한 연구 이후 니시다는 '절대모순적 자기동일성'과 '행위적 직관'의 개념을 발전시켜나갔다. '절대모순적 자기동일성'이라는 개념은 절대무로서의 장소에서 개개의 사물들이 대립하지 않고 어떻게 고유성을 유지하면서 통일되어 존재하는가 하는 것에 대한 생각을 구체화한 개념이라고 할 수 있다. 이 역시 '절대', '모순', '자기동일성'이라는 개념은 서양 철학의 논리학 전통과 헤겔철학의 영향을 받은 것이라고 할 수 있다. 헤겔철학이 말하는 바, 절대정신은 모순율에 기초한 운동방식으로 세계에서 자기동일성(통일성)을 획득하며 전개해나기 때문이다. 그러나 니시다는 헤겔의 이러한 개념을 그대로 수용하지 않고, 불교적 사고방식으로 새롭게 구성해나갔다. '절대모순'이란 차별성과 대립성에 기초한 상대적인 모순이 아니라, 일체의 차별성과 대립성을 끊어버린 절대적인 모순이다.[68] 이 개념은 절대무가 상대무라는 개념의 한계를 극복하고자 제시되었던 것과 동일한 방식을 갖는다. 즉 상대모순의 한계를 극복하기 위한 절대모순이라는 용어를 사용하고 있는 것이다.

그런데 이 두 개념은 세계 또는 역사에 대한 철학적 관심이다. '절대모순적 자기동일성'의 두 개념이 유일 실재의 심리적, 형이상학적 부분에 대한 언급이었다고 한다면, '행위적 직관'의 두 개념은 역사 속

---

68 이찬수, "교토학파의 자각이론: 니시다 기타로를 중심으로," 288.

에서 일어나는 세계의 운동과 작용에 대한 언급이었다고 할 수 있다. 전자의 두 개념이 기저, 근원, 절대에 대한 언급이었다고 한다면, 후자의 두 개념은 세계, 현상, 환경, 역사에 대한 언급이었다고 할 수 있다. '절대모순적 자기동일성'은 절대무로서의 장소에서 개개의 사물들이 대립하지 않고 어떻게 고유성을 유지하면서 통일되어 존재하는가 하는 것에 대한 생각을 구체화한 개념이었고, 또한 '행위적 직관'은 주체적 입장에서 볼 때 역사적 세계는 '직관'과 '행위'라고 하는 두 가지 주체적 작용이 서로 모순되지 않고 하나로 세계를 형성해 나간다고 하는 개념이었다. 행위적 직관은 '행위즉직관'이고 '직관즉행위'다.[69] 코오사카 쿠니츠구는 니시다의 행위적 직관 개념이 헤겔식의 모순개념을 불교의 '즉' 개념으로 해석한 것이라고 보고 있는 것이다. 그는 이 개념에 대하여 "모순 대립적인 행위와 직관, 활동하는 것과 보는 것 사이의 상즉적 상보적 관계를 표현하는 용어. 참 행위는 깊이 사물을 보는 것으로부터 생겨난다. 따라서 행위와 직관은 서로 대립적인 것이 아니라, 오히려 행위가 직관으로부터 생하는 것, '행위즉직관'이라는 사상"이라고 주해하고 있다.[70] 이는 "이성적인 것이 실천적인 것이요, 실천적인 것이 이성적이다"[71]라는 헤겔의 명제의 동양적 표현이라 하겠다. 즉 헤겔의 명제가 화엄불교의 즉의 논리와 통전된 것이라 할 것이다.

니시다의 이 모든 개념과 사상의 변천사 안에는 본 연구의 관심사

---

69 小坂國繼, 『西田幾多郎の思想』(東京: 講談社, 2003), 188.

70 西田幾多郎, 『善の研究』, 25. 주해 5).

71 이 명제는 헤겔의 법철학에서의 명제이다. 그 의미에 대해서는 강영계, 『사회철학의 문제들: 헤겔에서 포퍼까지』(서울: 철학과 현실사, 1991), 30.

인 통일성이 있다. 순수경험도, 자각도, 절대무도 모두 '통일성'이라는 범주 안에 있다. 순수경험에서의 주객의 통일, 자각에 있어서의 직관과 반성의 통일, 장소와 절대무에 있어서의 무(無)와 유(有)의 통일이 바로 그것을 말해주고 있는 것이다. 이러한 니시다 철학의 전개는 순수경험이라는 인식론적 범주가 점차로 형이상학의 범주로 그리고 역사철학의 범주로 확장되어 나가는 과정의 맥락 속에서 읽혀져야 할 필요성이 있는 것으로 생각된다.

3) 자각, 근저의식, 바탕의식, 비이원의식

우리는 이제까지의 논술을 통해, 니시다의 순수경험은 순수의식이며 원초의식이었음을 보았다. 그런데 니시다의 이 경험 또는 의식은 궁극적 성격을 가진 것이다. 그것은 모든 의식과 존재의 바탕에 있는 근원의식이면서 또한 궁극적 통일의 의식이다. 니시다의 사상은 유일 실재(참 실재)를 규명하는 것에 있었다. 초기에 그는 이것을 '순수의식'에서 찾았고, 이후에는 이것을 '자각'에 의해서 규명해보고자 하였다. 그리고 '절대무'와 '장소' 등의 개념으로 옮겨갔다.

제2기 이후의 윌버의 시각에서 보면, 궁극의식은 바탕의식(Ground Consciousness)이다. 그런데 이 바탕의식은 주객미분의 원시의식(primitive consciousness)이나 주객합일의 시원의식(casual consciousness)도 아니다. 바다와 파도의 비유로 보면, 바탕의식은 바다이며, 원시의식과 시원의식은 여전히 파도다. 그러나 궁극적으로 보면, 파도 역시 바다다. [원시의식 → 타이폰-주술의식 → 멤버쉽-신화의식 → 멘탈-에고의식 → 켄타로우스-심혼의식 → 정묘의식 → 시원의식]의 의식의 흐름, 즉 파도의 흐름으로 의식은 진화한다. 그러나 그 근저에는 바탕의식인 영(Spirit)이 있다. 바탕이 영이지만, 원시의식에서 시원의식에 이르는 모든 파도들도 각자 다 영이다. 바탕의식은 의식의 출발점이자 동시에 종착점이다. 그래서 파도의 흐름은 원(圓)의 순환구조 안에서 [바탕의식 → 원시의식 → 타이폰-주술의식 → 멤버쉽-신화의식 → 멘탈-에고의식 → 켄타로우스-심혼의식 → 정묘의식 → 시원의식 → 바탕의식]의 구도로 바꾸어 표현할 수 있는 것이다.

앞서 살펴본 것처럼, 니시다의 순수경험은 주객미분의 판단 이전의 의식이며, 의식발생 이전의 의식이며, 영아의 의식이다. 이러한 의미에서 보면, 니시다의 순수경험은 윌버의 원시의식에 해당한다. 그것은 아직 원초적인 대립과 분리조차 일어나지 않은 원시적, 플레로마적 의식이다. 이 원시의식은 시간도 공간도 없는 무시간 무공간의 의식이다. 그러나 그것은 아직 분화가 일어나지 않은 전(pre)-시간, 전(pre)-공간의 의식일 뿐이다.

니시다의 자각은 자각의 내면인 직관과 자각의 외면인 반성의 내적인 통일이며 이 양자의 관계를 밝히는 것이다. 이러한 구도 속에서 반성과 직관은 자각의 내면과 외면이며, 동전의 양면이다. 자각은 순수경험의 사실과 의미의 이원적 대립을 극복하기 위해 니시다가 새롭게 내세운 개념이다. 순수경험의 시기와는 달리, 이러한 구도 속에서 직관과 반성의 위치는 평등한 듯 보인다.

윌버에게는 직관과 반성을 동전의 양면으로 보는 사고방식은 없다. 안과 밖을 구분하는 경우는 주체와 객체를 대립하는 것으로 여기는 경계선 긋기의 사고방식과 이것이 원래 존재하지 않는다고 하는 무경계(No Boundary)의 사고를 설명할 때뿐이다.[72]

윌버의 시각에서 자각은 '주시자'(Witness) 또는 '보는 자'(Seer)다. 니시다의 직관과 반성은 윌버의 이 보는 자가 어떻게 보느냐에 따라 달리 보이는 것이다. 안에서 보면 직관이고, 바깥에서 보면 반성이다.

그러나 니시다에게 직관과 반성의 관계는 평등하지 않은 면도 있다. 제2기 니시다(자각의 시기의 니시다)는 이 작업을 통해서 어떻게 직관에서 반성이 생기는가, 어떻게 일(一)에서 다(多)가 생기는가 하는 것을 설명하고자 했다. 직관이란 주객미분의 의식이고, 반성이란 자기 발전의 과정이다. 순수경험과 의미판단의 관계와 유사하다.

그러나 제2기에서는 제1기에는 없었던 자각의 역할이 중요하다. "자각은 반성을 포함하는 직관인 것이며, 의식의 무한한 발전을 스스로의 안에 포함하여 일체의 체계를 이루는 것이다."[73]

이와 같은 자각의 개념은 순수경험의 시기보다 훨씬 윌버의 관점과 가까워졌다고 볼 수 있다. 반성을 포함하는 직관이라고 하는 표현은 상위수준의 의식이 하위수준의 의식을 초월하면서 포함하고 있다고 하는 윌버의 개념에 보다 가까워진 표현이다. 순수경험의 시기에는 반성과 직관은 서로 다른 것이었기 때문이다. 또한 의식의 무한한 발전이라는 표현은 윌버의 의식발달의 스펙트럼 구조를 연상케 한다. 다만, 제2기의 니시다는 반성의 성립 또는 반성의 의식발전의 체계에 대해 전혀 언급하고 있지 않다.

그러나 순수경험의 개념보다 자각의 개념이 니시다와 윌버가 더 용이하게 만날 수 있는 지점이 있다. 그것은 바로 자각이 직관과 반성의

---

72 Ken Wilber, *No Boundary*, 25.
73 미야카와 토루, 『일본근대철학사』, 196.

바탕의식처럼 묘사되고 있기 때문이다. 자각은 순수경험의 원시의식의 근저에 있는 바탕의식이라 할 수 있기 때문이다. 그러나 자각에 있어서는 학자들이 지적하고 있는 바와 같이 아직 유와 무의 대립의 해결되지 않은 채, 의지의 신비, 무의 신비 속으로 침잠해버렸다. 그렇다면, 자각은 아직 완전한 의미에서의 바탕의식이 아니다. 그리고 여전히 의미상으로는 여전히 시원의식보다는 원시의식에 더 가깝다. 직관에서 반성이 어떻게 나오는가, 일자에서 다자가 어떻게 나오는가 하는 것은 직관의 의미가 의식의 출발점에 서 있기 때문이다. 윌버에게 궁극의식은 출발점이자 동시에 종착점이며 모든 의식의 근저이다.

그렇다면, 절대무와 장소 개념은 어떠한가? 절대무는 유와 무의 상대성을 초월한 절대성으로서의 무를 말한다. 이 절대무는 유를 소멸하지 않고 유를 포함하는 무이다. 이러한 관점에서는 윌버의 관점과 상통한다. 그러나 이것이 윌버의 궁극의식인 비이원의식과 같은 의미를 갖고 있는가 하는 점에 대해서는 좀 더 치밀한 연구가 필요하다.

초기의 윌버는 궁극의식을 '합일의식'이라고 불렀다.74 합일의식(Unity Consciousness)이란 니시다의 말처럼 두 개의 대립이 서로 통일된 의식을 일컫는 말이다. 니시다가 중세의 신비가 쿠자누스의 말을 빌어 '반대의 일치'로 표현했던 것처럼 말이다.75 윌버 역시 쿠자누스의 반대의 일치에 대해 종종 언급한 바 있다. 때때로 이 궁극의식은 태초의 근원적 의식으로 돌아가는 것을 의미하기도 했다.

그러나 중·후기의 윌버에게 있어서 궁극의식은 원시의식이 아니

---

74 Ken Wilber, *No Boundary*, 14; 126.
75 西田幾多郎, 『善の研究』, 233; 430.

라 시원의식을 향해 있다. 시원의식이란 미분의 출발점인 원시의식
의 반대편 극단에 있는 의식으로 합일의 종착점으로서의 의식이다.
이 양자 모두 모든 의식의 근원이 되는 의식이라는 점에서는 같다. 하
지만 발달론자인 윌버에게 있어서 두 의식 모두 바탕의식에 가장 가
까운 의식임에도 불구하고, 그 시종(始終)에 있어서는 극단의 의미의
차이를 보이고 있는 것이다.

　윌버는 시원의식을 공(空)의 의식이라고 보았다. 색(色)에 해당하
는 모든 의식의 파도의 물결을 지나 공(空)에 이르는 것이 시원의식이
다. 이 수준에서는 주시자, 보는 자 자체도 사라진다. 사실 이 시원의
식이야말로 최종적인 종착점으로서의 궁극의식이다. 그래서 윌버는
시원의식이 곧 비이원의식이라고도 말한다. 하지만 윌버는 사람들이
공병(空病)에 빠지는 것을 염려한다. 그래서 굳이 색즉시공공즉시색
(色卽示空空卽示色) 의미가 필요하다고 주장했다. 윌버는 이 수준의
의식을 비이원의식이라고 부른다. 비이원(Nondual) 의식이란 불이
(不二)의 서양식 표현에 다름 아니다.[76]

　이러한 윌버의 시각에서 보면, 공(空)과 절대정신(Geist)의 콜라보
인 절대무는 시원의식에 해당한다. 그러나 니시다의 절대무라는 통
일 개념이 불이(不二)의 정신을 담고 있는가 하는 것에 대해서는 앞으
로의 연구가 더 필요하다. 쟁점은 절대무가 지멸(止滅), 적멸(寂滅)의
바다 속으로 침잠하고 있는가, 아니면 색즉시공공즉시색(色卽示空空
卽示色)의 의미를 구현하고 있는가 하는 것이다.

---

76 시원의식과 비이원의식에 대해서는 이한영.『앎과 영적 성장』(서울: 문사철, 2013)
　　V부 8장, 9장을 참조할 것.

VI. 세계의 전개 과정과 통일성에 대한 비판적 이해

― 통전적 의식 연구의 관점 2

1. 의식의 순수성: 순수경험과 원초의식

앞에서 본 바와 같이, 니시다가 말하는 순수경험의 의식이란 직접
지, 순수의식, 판단 이전의 의식, 주객미분 이전의 의식이다. 순수경험
이란 아무런 사려분별도 없는 오염되지 않은 순수한 직접지다. 그리고
판단, 의미, 주체와 객체의 분별 이전의 미분(未分)의 의식이다.

경험한다고 하는 것은 사실 그대로 아는 것의 의미이다. 완전히 자기
의 세공(細工)을 버리고, 사실에 좇아서 아는 것이다. 순수라고 하는
것은 보통 경험이라고 말하는 것도 그 실은 뭔가 사상이 섞여 있기
때문에, 털끝만치도 사려분별을 더하지 않는 참으로 경험 그대로의
상태를 말하는 것이다. 예를 들어, 색깔을 보고 소리를 듣는 찰나, 아
직 이것이 외물의 작용이라든가, 내가 이것을 느끼고 있다든가 하는
생각이 없을 뿐만 아니라, 이 색깔, 이 소리는 뭔가 하는 판단이 더해
지기 전을 말하는 것이다.[1]

자기의 의식 상태를 직하(直下)로 경험했을 때, 아직 주도 없고 객도 없는, 지식과 그 대상이 완전히 합일해 있다.[2]

그것은 인식하는 주체로서의 '나'도 인식대상으로서의 사물도 없는 주객미분의 상태이며 앎과 대상이 완전하게 합일하고 있는 상태이다.[3]

의미 또는 판단 안에 나타나는 것은 원시경험으로부터 추상화된 그 일부이어서, 그 내용에 있어서는 오히려 그것보다도 빈약한 것이다.[4]

그것은 직각적 인식이기에 주관과 객관을 나눌 수 없는 것이다. 즉 사실과 인식 사이에 한 오라기의 틈도 없는 순수경험이며 직각적 앎이다. 사실과 인식 사이에 개념과 판단이 들어설 여지가 털끝만치도 없는 것이다. 또한 털끝만치도 틈이 없기에 그것은 주객이 완전한 합일의 상태에 있는 상태이며 경험이라는 것을 의미한다.

이러한 니시다의 주장은 순수경험 또는 순수의식이란 논리, 지성, 사고, 언어, 개념 등을 뛰어넘는 영역의 의식이라는 것을 말해준다. 종교적으로 말하면, 불교에 있어서의 불립문자(不立文字), 직지인심(直指人心), 염화시중(拈花示衆) 등이 이에 해당하며, 서양 기독교 신비주의에 있어서는 언어의 한계성을 뛰어넘고자 했던 부정신학(negative theology)의 자세가 이에 해당한다고 할 수 있다. 특히, 이것

---

1 西田幾多郎/小坂國繼(編), 『善の研究』(東京: 講談社, 2006/2016), 30.
2 같은 책, 30.
3 西田幾多郎/安倍能成外(編), 『西田幾多郎全集』1 (東京: 岩波書店, 1947), 9.
4 같은 책, 15.

은 서양종교와 철학을 수용하는 주체적 의식이 되었던 불교의 종교체
험에서 보면, 견성체험 또는 깨달음의 경지에서나 경험할 수 있는 의
식체험이라고도 할 수 있다.

이러한 생각은 윌버 역시 마찬가지다. 윌버 역시 니시다와 마찬가
지로 대립의 의식을 극복하는 것을 영성의 지향점으로 삼고 있다. 그
는 우리 모두는 경계의 세계 속에 살고 있으며 그렇기에 갈등과 대립
의 세계에서 살고 있다고 주장했다. 선과 악, 삶과 죽음, 사랑의 미움,
나와 타자, 신과 악마, 동양과 서양 등 우리가 안고 있는 대부분의 문
제는 경계의 문제이며 경계가 만들어낸 대립의 문제라는 것이다: 천
국은… 두 개의 대립 중 어느 한쪽을 택하는 문제가 되었다.5 그는 주
체 대 객체, 삶 대 죽음, 마음 대 몸, 안 대 밖, 이성 대 본능 등으로
분리하는 사고가 우리의 삶을 분열의 삶과 투쟁의 삶으로 만드는 것
을 우려한다. 그는 이러한 분열과 투쟁이 삶을 고통으로 만들고 전쟁
터로 만드는 이러한 분열과 투쟁이 우리가 잘못 설정한 경계들에 의
해서 만들어지는 것이라고 했다.6

윌버가 이렇게 말하는 이유는 참 실재의 세계에는 경계선도 대립
도 없음에도 불구하고, 그것은 인식이 만들어낸 경계선 짓기가 만들
어낸 허상 때문이라는 생각 때문이다. 영성가들이 분별지와 비분별
지를 나누어 설명하고 있는 것과 같은 이치이다. 그는 그의 첫 저서에
서 이 문제를 이원론(dualism)의 문제로 진단한다. 그리고 그는 이 이
원론의 사유와 세계의 전개를 의식의 스펙트럼이라는 구조 안에서의

---

5 Ken Wilber, *No Boundary: Eastern and Western Approaches to Personal Growth*
  (Boston & London: Shambhala, 1983), 20-21.
6 켄 윌버/김철수 역, 『무경계』 (서울: 무우수, 2005), 15 초판(1983) 〈서문〉.

1, 2, 3, 4차의 이분법적 분리 또는 분화과정으로 설명한다.7 이것은 두 가지 의미를 갖고 있다. 하나는 앎 또는 지식의 증대이고, 다른 하나는 분리와 대립의 증대이다.

여기서 우리는 니시다와의 접점을 발견할 수 있다. 니시다 역시 의미, 판단을 주객의 대립에 의한 분별지로 파악하고 있고, 또한 이것을 넘어선 의식을 주객의 대립이 없는 순수의식에서 찾고 있기 때문이다.

윌버가 이 문제를 해결하는 방식은 니콜라스 쿠자누스 등 많은 영성가들이 택했던 방식인 '대립의 통일' 또는 '대립의 일치'였다.8 그러나 이 통일은 서로 다른 두 가지를 서로 합하는 방식이 아니다. 그것은 동일선상 위에서의 두 대립을 융합시키는 것이 아니라, 두 대립을 통일시킬 수 있는 더 높은 근원적 차원으로의 초월적 통합이었다. 제1기의 윌버는 니시다의 '순수의식'에 해당하는 이러한 의식을 '합일의식'(Unity Consciousness)이라고 불렀다.

> 궁극적 실재는 대립의 통일(unity)이며, 궁극적 실재에는 어디에도 경계가 없다."9 "경계란 순전한 환상(a pure illusion)이다 — 그것은 사실상 분리되지 않은 것을 분리된 것인 양 취급한다. 이러한 의미에서 현실 세계는 다양한 경계선들을 갖고 있다. 그러나 참으로 경계란 존재하지 않는다.10

---

7 Ken Wilber, *The Spectrum of Consciousness* (Wheaton: Quest Books, 1977), V장.

8 Ken Wilber, *No Boundary: Eastern and Western Approaches to Personal Growth* (Boston & London: Shambhala, 1983), 23.

9 같은 책, 25.

10 같은 책, 26.

그는 우파니샤드, 노자, 장자, 성 디오니시우스, 예수, 중관불교 등 많은 종교의 영성전통들을 이러한 자신의 주장을 뒷받침해주는 근거로 인용한다.[11]

『선의 연구』의 제1기 니시다와『의식의 스펙트럼』과『무경계』의 제1기의 윌버는 〈유출과 환원〉이라는 관점 속에서 유사한 점을 갖고 있다. 니시다의 순수경험이란 주객미분의 경험, 판단 이전의 경험이다. 제1기 윌버 역시 가장 근원적인 의식을 가장 원초적인 의식에서 찾았다. 이러한 세계관에서는 주체와 객체의 분리가 없는, 주체와 객체의 분화가 아직 일어나지 않는 근원으로 돌아가는 것, 원초의식으로 돌아가는 것, 그것이 세계의 목적이다.

그의 이러한 시도는 실상은 유출과 환원이라는 플라톤 이래의 세계의 형성과 귀환이라는 〈존재의 대연쇄〉 구조 안에 있는 것이다. 그러므로 제1기의 윌버의 해결방식도 플라톤의 선의 이데아나 플로티노스의 일자로 귀향 내지 회행하는 것을 궁극적인 목적으로 삼고 있다. 그것이 바로 주객미분의 통일의 세계로의 귀환이다.[12] 윌버의 독특한 창의성은 이러한 전통적인 유출과 환원의 도식을 윌버가 현대 심리학과 영성을 통해서 새롭게 재구성했던 점에 있다.

이러한 사고방식은 비단 니시다나 플라톤만의 것이 아니었다. 이러한 사고방식은 숭고주의, 상고주의, 태고주의 등으로 불린다. 많은 사람들은 과거를 숭앙하며 과거에 이상향을 두었다. 성서의 에덴동

---

11 Ken Wilber, *The Spectrum of Consciousness* (Wheaton: Quest Books, 1977), 52.
12 이러한 윌버의 생각은『의식의 스펙트럼』이나『무경계』의 많은 도표 속에 잘 나타나 있다. 예를 들어, Ken Wilber, *The Spectrum of Consciousness*, 114; 279. Ken Wilber, *No Boundary*, 9; 14.

산, 공자의 이상향이었던 요순 임금의 시대 등이 모두 그러하다. 분석 심리학자 칼 융의 원형(Archetype)마저도 이러한 플라톤적 원형의 관점에서 파악한다.

그런데 아이러니하게도 니시다의 이러한 초기 관점은 제2기 윌버의 관점과 판이하게 다른 점이 된다. 윌버는 이러한 초기의 관점을 변경하여 회귀론적 관점을 발달론적 관점으로 대역전시켰기 때문이다. 제2기 이후의 윌버의 눈으로 볼 때, 문제는 니시다가 이 '뛰어넘는'과 '이전'을 동일시했다는 점에 있다.

니시다는 무의식과 순수경험을 동일시 여긴다.

통일이 엄밀하든가 또는 다른 것으로부터 방해받지 않을 때에 이 작용은 무의식이지만, 그렇지 않을 때에는 달리 표상되어 의식 위에 나타나서, 즉각 순수경험의 상태를 떠나게 되는 것이다.[13]

그러나 무의식과 순수경험이 동일한 것일까? 무의식은 자아의식이나 초의식보다 더 근원적이며 더 초월적인 것일까? 적어도 니시다나 융에겐 그렇다. 그러나 윌버의 관점에서 보면 그렇지 않다.

또한 니시다는 순수경험의 의식을 경험 이전의 원초적 의식으로 이해했다. 예를 들어, 갓 태어난 영아(嬰兒)의 의식을 그 한 예로 들고 있다.

우리들의 의식의 시작, 즉 태어났을 뿐의 아이의 의식은 완전히 순수

---

13 西田幾多郎/小坂國繼(編), 『善の研究』(東京: 講談社, 2006/2016), 39.

경험의 상태다.[14]

그 발달의 위로부터 하면, 처음 태어난 아이에게는 확실한 의식이 없이 특히, 지식이라고 해야 할 것은 존재하지 않는다. 콘디악이 말한 것처럼 갓 태어난 아이에게는 특히 빛의 감각과 같은 것이 있는 것이 아니라, 빛을 바깥으로 보고 있는 것 같은 의식은 존재하지 않는다. 그 아기에게 있어서는 빛이 모두이며, 빛이 나이며 또한 세계이기도 할 것이다.[15]

『선의 연구』(1911)에서 니시다는 숙련된 곡을 무의식적으로 연주하는 음악가의 연속적인 지각상태, 동물의 본능적 동작, 신생아의 의식 등 프리미티브(primitive)한 의식 상태를 그 예로 들고 있다.[16]

그런데 과연 궁극의식이 갓 태어난 어린아이의 경험과 같은 것일까? 순수경험이 개인의 영역에 있어서 영성가들이 말하는 주객미분의 깨달음의 상태가 어린아이의 상태로 돌아가는 것일까? 또한 집단(인류)의 영역에 있어서 주객의 구분이 없었던 원시의식으로 돌아가는 것일까? 주객의 분열, 나와 타자의 분열이 없는 갓 태어난 아기와 같은 인식이 종교영성이 추구하는 궁극적인 인식일까? 판단이나 의미가 인식의 발달이 아니라, 인식의 퇴행일까? 그리고 그것은 순수하지 못하고 불순한 것일까? 미분적 통일과 분화적 통일은 동일한 것일까? 전진적 통일이 아니라 퇴행적 통일이 더 순수하고 근원적인 것일까?

---

14 西田幾多郎/高坂正顯(編), 『哲學槪論』(1953), 191.
15 같은 책, 17.
16 西田幾多郎/安倍能成外(編), 『西田幾多郎全集』1(1947), 16-17.

이러한 문제의식에 대해서는 뒤의 [진화와 회행], [전초오류]에 대해서 논하는 부분에서 보다 상세히 다루기로 하고, 여기에서는 순수경험의 순수의식적인 측면과 원초적인 측면을 논하는 것에 국한시키기로 하자.

제2기의 윌버는 발달론을 받아들여 의식이 크게는 〈전의식, 자의식, 초의식〉의 3단계의 과정, 세세하게는 〈태고의식(원시의식)[17], 태고의식, 타이폰 의식, 멤버쉽 의식, 멘탈-에고의식(진전된 에고), 켄타로우스/심혼의식, 정묘의식, 시원의식, 궁극의식〉이라는 8단계의 과정을 제시했다. 제1기의 윌버 역시 전의식에 해당하는 우주의식(Universal Mind)을 순수의식, 궁극의식으로 이해하였다. 그러나 제2기의 윌버는 전의식과 초의식을 구별한다. 그렇기에 윌버가 합일의식으로 불렀던 궁극의식은 전의식이 아니라 초의식에 영역에 있다.

먼저 〈전의식, 자의식, 초의식〉의 구분을 통해 니시다의 순수경험을 들여다보면, 니시다의 순수경험은 주객미분의 〈전의식〉에 해당함을 알 수 있다. 다음으로 〈태고의식~궁극의식〉에 이르는 구분을 통해 니시다의 순수경험을 들여다보면, 니시다의 순수경험은 〈태고의식〉에 해당함을 알 수 있다.

제2기 이후의 윌버는 원시의식과 시원의식을 구분한다. 윌버는 개인의식과 집단의식의 발달단계를 동일시하여 모두 원시의식이라고 부른다. 그것은 원시인의 의식이란 말이 아니라, 원초적인 의식이란 뜻이다. 윌버의 원시의식(태고의식)은 아직 개념, 의미, 판단이 성립하

---

17 대체로 제2기의 윌버는 태고적(archaic)이라는 단어를, 4기의 윌버는 원시적(primitive)이라는 단어를 사용하고 있다.

지 않는 비분별지의 의식을 말한다. 그러나 이것은 초(超)-분별지가 아니라 미(未)-분별지를 의미한다. 다른 한편 시원의식은 의식의 분화과정을 거친 의식의 궁극의 끝자락에 있는 비(非)-분별의식을 말한다. 그러나 그것은 미분별지가 아니라 초분별지다. 순수경험에 있어서의 니시다에게는 이러한 구분이 없었다. 이러한 윌버의 구분에서 보면, 니시다의 순수경험은 주체와 객체의 구별이 없는 미분화된 의식, 즉 원시의식에 해당한다.[18]

많은 심리학자들이 이야기하고 있는 것처럼, 이 원시의식의 상태는 세계와 나가 하나이며(피아제), 외부세계와 나 사이의 차이가 체험되지 않는 하나이며(베르탈란피), 내가 곧 우주(쾨틀러)인 세계이다.[19]

그러나 이 원시의식은 고차원적인 높은 수준의 궁극의식이 아니다. 그렇다면, 파충류나 아메바의 의식이 더 고차원적인 의식에 가까워야 한다. 원시의식은 무이원적 인지, 무대상적 인지, 무공간적 인지, 원형질체적(protoplasmic) 인지, 원형질적(pleromatic) 낙원, 전-순간적(pre-temporal) 시간의 시간성, 제1질료적 자기를 특징으로 하고 있는 물리권, 생물권의 의식이다. 윌버는 다양한 학자들의 개념을 차용하여 이 단계를 무이원적(adual), 대양적(oceanic), 자폐적(autistic)이라고 말한다. 또한 영아의 시공간적 의식이 전-공간적(pre-spatial), 전-시간적(pre-temporal)이라고 말한다. 그 이유는 플

---

18 윌버는 이 원시의식을 다 두 개의 시기로 나누어 플레로마 자기의식(pleromatic self)과 우로보로스 자기의식(uroboric self)으로 나누기도 한다. 그러나 이 글에서는 논의의 복잡성을 피하기 위해서 원시의식의 차원에서만 다루고자 한다. 이에 대한 자세한 내용은 이한영, 『앎과 영적 성장』(서울: 문사철, 2013), V부 1장.

19 Ken Wilber, *The Atman Project: A Transpersonal View of Human Development* (Wheaton: Quest Books, 1980), 7.

레로마적인 자기와 환경 사이에 거리, 분리, 사이가 없기 때문에 신생아의 의식 속에는 현실적인 공간이나 시간이 존재하지 않기 때문이다. 신생아의 무시간적, 무공간적, 무대상적 합일은 원초적인 파라다이스이지만 자기-의식(self-consciousness)으로의 타락 이전의 무지와 순결의 파라다이스라는 것이다. 그것은 초의식의 초개인적인 파라다이스와 혼동되어서는 안 된다는 것을 말한다. 윌버가 이렇게 말하는 것은 윌버가 의식의 최상수준이라고 보는 궁극적인 합일의식 역시 무시간적, 무공간적, 무대상적, 무경계적 의식이기 때문이다. 그러나 윌버의 의식의 스펙트럼 구조에서 신생아의 의식은 아직 의식이 분화되지 않은 의식의 전 상태, 즉 전의식이지만,[20] 최고 수준의 합일의식은 전의식과 자의식의 단계를 넘어선 초의식이다. 미분별지가 아니라 초분별지다. 문자와 개념 이전이 아니라, 문자와 개념을 초월하며 포함하는 것이다.

제1기 트랜스퍼스널 심리학과 결별한 윌버의 제2기 심리학의 눈으로 보면, 제1기 윌버의 합일의식과 마찬가지로, 니시다의 순수경험은 실질적인 내용이 추구하는 바는 궁극의식에 대한 것이면서도 그 내용에 대한 인식이나 설명이 원시의식에 관한 것이다. 통합심리학에서 보면, 니시다의 순수경험에 대한 설명은 원시의식과 시원의식이 서로 융합된 채 뒤섞여 있다.

하지만 이후 니시다의 순수경험은 자각, 절대무, 장소의 논리로 이행되어갔다. 또한 순수경험에 대한 논리 자체에도 분화와 통일이라는 논의를 통해 주객미분의 통일만이 순수경험이 말하는 전부가 아니

---

20 이한영, 『앎과 영적 성장』, 220.

라는 뉘앙스를 남겨 놓았다. 이제 점차로 이러한 논의를 통해 통일성
과 신에 대한 주제를 향해 한 걸음 더 나아가 보도록 하자.

2. 의식과 세계의 전개 과정

1) 무의미와 의미, 사실과 판단, 직관과 반성의 대립의 문제

앞에서 본 바와 같이 니시다는 때 묻지 않은 가장 원초적인 순전한
의식을 순수의식이라고 보았다. 켄 윌버가 이야기하는 "에덴의식"이
다. 여기서 우리는 두 가지 대립되는 사실에 대해 좀 더 쉽게 이해하기
위해 이 대립관계에 대해서 다시 한 번 생각해보아야 할 것이다. 이
대립은 〈무의미-의미, 무판단-판단, 무개념-개념, 무사유와 사유〉
의 대립관계에 대해 말하고 있다. 이것은 동양적 사고에 익숙한 사람
들에게는 그다지 이해하기 어려운 일이 아닐 것이다. 그렇다면 순수
개념이란 첫째 의미로 무의미, 무가치, 무판단, 무개념, 무사유의 말
그대로의 순수한 개념임을 알 수 있을 것이다.

그러나 문제는 그렇게 간단하지 않다. 여기에는 또 다른 이원적 대립
의 문제가 여전히 남아 있기 때문이다. 주객이원의 대립 이외의 또 다른
이원은 무엇인가? 니시다의 이러한 순수경험에 대한 정리는 아래의 인
용처럼 순수경험의 순수성에 대해서 해명하는 데에는 성공했으나, 그 자
체로 비순수성, 비통일의 세계에 대한 문제를 간직하고 있었다.

우리들에게 직접적으로 나타나 오는 순수경험에 대하여, 곧 과거의 의

식이 운동해 오는 것으로, 이것이 현재의식의 일부와 결합하고 일부와 충돌하는데, 바로 여기서 순수경험의 상태가 분석되고 파괴되게 된다. 의미라든가 판단이라든가 하는 것은 이 불통일의 상태이다.[21]

히다카는 니시다의 이러한 순수경험의 특징을 다음과 같이 네 가지로 정리한다. 즉 "순수경험은 ① 판단 이전의 주객미분의 상태 ② 통일적, 연속적인 상태이며, ③ 의미를 가지지 않는, ④ 가장 풍부한 내용을 가진다."[22] 그렇다면 의미, 판단, 사고, 개념, 추상은 모두 순수하지 않은 의식이며 부분적이며 결여된 내용을 갖고 있는 비통일적인 의식인 것이다.

그러나 다카하시의 지적처럼, 순수경험은 그 자체로 문제를 안고 있다고 해야 한다. 순수개념의 미비함에 대한 문제의식은 이미『선의 연구』다음 해에 발표된 다카하시 사토미(高橋里美)의 논문 "의식현상의 사실과 그 의미: 니시다의『선의 연구』를 읽고"(1912년 3, 4월)에서 제시된 바 있으며, 이 문제제기에 대해서 니시다는 "다카하시 문학사의 졸저『선의 연구』에 대한 비판에 답함"(1912년 9월, 이하 "답함"으로 표기)을 발표하여 응답한 바 있다.

히다카는 다카하시가 순수경험 개념의 모순에 대해 지적하고 있는 것을 다음 세 가지 점으로 정리하고 있는데, 이를 다시 보기 좋게 소제목을 붙여 재정리하면 다음과 같다.[23]

---

21 西田幾多郎/小坂國繼(編),『善の研究』(東京: 講談社, 2006/2016), 44.

22 日高 明. "純粋経験と意味,"『善の研究』刊行100周年記念國際シンポジウム發表論文(京都: 京都大學文學研究科, 2010. 12. 18), 9.

23 日高 明, "純粋経験と意味," 6.

첫째, 〈통일이나 순수의 의미〉: 순수경험의 본질은 통일에 있을 터이지만, 그 통일과 불통일의 구별이 정도의 차에 불과하다면, 순수경험은 이미 순수라고 부를 수 없는 것은 아닌가?

둘째, 〈정도의 차이와 순수경험의 불순성〉: 정도의 차이라면 순수경험의 개념을 순수하지 않게 만드는 것이 아닌가?

셋째, 〈두 가지 다른 사상적 배경의 모순〉: 사려분별 이전의 직접적인 의식 상태와 의식발전의 활동적 체계를 동일시하는 것은 선험주의와 헤겔주의의 성급한 동일화가 아닌가?

요점만 말하면, 다카하시가 비판하고 있는 것은 '정도의 차이를 말하는 것은 순수라는 개념자체를 훼손하는 것이 아닌가' 하는 것과 '이 두 가지 순수경험을 하나로 보는 것에는 논리적 정합성이 없는 것이 아닌가' 하는 점이다.

니시다는 순수경험이라는 개념을 통하여 주객대립과 주객분열의 통일이라는 종교심리적, 종교체험적인 해법을 제시했으나, 사실과 판단, 무의미와 의미, 통일과 대립, 미분과 통일, 원초의식과 현재의식, 순수경험과 일상경험, 직관과 반성 등을 이원론적으로 갈라놓은 셈이 되고 말았다. 그렇다면 이는 플라톤적인 이원론의 늪에서 거의 벗어나지 못하고 있는 것이나 마찬가지다.

그런데 니시다 사상에서 더 큰 모순으로 보이는 대립의 문제는 위의 순수경험의 순수성과 비순수성에 대한 문제보다 순수경험의 이중성 또는 양의성에 있다 할 것이다.

순수경험은 참 실재이다 … (그것은) 어떠한 의미도 없으며 사실 그대로의 현재의식일 뿐이다.[24]

참 실재는… 단순히 존재가 아니라 의미를 가진 것이다.[25]

의미와 무의미. 이 두 가지 모순되어 보이는 진술이 함께 있는 이 사실을 어떻게 이해하여야 할까? 의미와 무의미가 모두 참 실재라고 하는 이 언술을 어떻게 받아들여야 할까?

코오사카가 해설하고 있는 것처럼, 학자들은 순수경험의 양의성이 니시다의 『자각에 있어서의 직관과 반성』(1917)으로 이끌어간 실마리가 되었다고 보고 있다.[26] 아마도 다카하시와의 논쟁이 순수경험에 대한 니시다의 생각에 자극을 가져다주었다고 추정해볼 수도 있을 것이다. 그렇다면 초기 〈순수경험〉의 양의성이 〈자각〉 이후 니시다 사상 속에서 자기비판을 거쳐 더욱 철저화되고 구체화되어 나타나는 계기가 되었단 말인 것이다. 그렇다면 우리는 이 두 개의 새로운 대립의 문제를 〈자각〉의 문제를 통해서 풀어나가는 니시다의 사상을 이해하여야 한다. 그러나 이 문제에 앞서 〈순수경험〉의 개념 속에서 이 문제가 어떻게 설명되고 있는가 하는 것에 대해서 먼저 살펴보아야 할 것이다.

윌버의 통전적 의식 연구의 관점에서는 니시다의 이러한 주장을 어떻게 바라볼 수 있을까? 순수경험의 의식수준에 해당하는 합일의식은 순수하고 그 외의 다른 의식의 층들은 순수하지 않을까? 순수경험은 통일이고 그 외 다른 의식의 층들은 비통일일까? 또는 니시다의 양의성처럼 의미와 무의미의 세계는 모두 니시다의 순수경험에 해당

---

24 西田幾多郞/小坂國繼(編), 『善の硏究』 (東京: 講談社, 2006/2016), 31.
25 西田幾多郞/安倍能成外(編), 『西田幾多郞全集』1 (東京: 岩波書店, 1947), 60.
26 高坂正顯, 『西田幾多郞先生の涯崖と思想』 (総文社, 1971), 77.

하는 합일의식 또는 궁극의식일까? 공과 색의 세계, 이데아와 현상계의 세계가 모두 순수세계일까? 이제 앞으로의 과정을 통해 이에 대해 순차적으로 접근해 가보도록 하자.

2) 순수경험의 실재와 활동 방식: "원시적 정신 상태"와 "의식의 발전적 체계 전체"

니시다의 양의성이 일견 모순된 것으로 보일지 몰라도, 〈순수경험〉의 사상 속에 〈자각〉에서의 "사실즉의미, 의미즉사실"의 초생(初生)적인 생각이 전혀 없었던 것은 아니다. 그것은 실재의 활동 방식과 관련된 니시다의 언술들 속에서 찾아볼 수 있다. 그것은 의식의 분화 발달 과정이며 동시에 세계의 전개 과정이기도 하다. 우리들의 개념, 추상, 판단 등 우리의 다양한 의식은 주객미분의 의식 상태로부터 분화 발전해 오는 것이다: "우리들의 마음은 분 화발전하는 것인 것이다."[27]

순수경험의 활동 방식은 어떻게 이루어지는가? 이에 대한 핵심적인 언표는 아래의 니시다의 말 속에 함축적으로 적확하게 표현되어 있다.

우선 〈전체〉(the whole)가 그 일부분부터 나타나고, 서서히 그 전체를 실현한다. 그러나 그 일부가 나타날 때, 이미 전체가 포함되어 있다.[28]

먼저 직관과 판단, 전체와 부분의 관계에 대해서 보자. 이른바 〈전

---

27 西田幾多郎/高坂正顯(編), 『哲學槪論』(1953), 17.
28 같은 책, 187.

체표상의 분할〉(Urteilen der Gesamtvorstellung)이다. 예를 들어, 우리가 어떤 물체를 보고 있을 때, 우리의 주의는 a, b, c, d로 변화해 가는 것이지만, 지각은 하나의 사건이다. 즉 전자는 분할, 후자는 전체표상이다. 그것이 사유작용이든 선택적 의지든 현실의 사실로서 우리의 경험에 나타날 때에는, 모두 내적 지속의 형태로 나타나게 된다. 즉 전체가 먼저 나타나고, 그것이 분화 발전하는 것이다.[29]

이것이 무슨 말인가? 그것은 판단의 근저에는 언제나 근본적 직관이 있다고 하는 것이다. "말이 달린다"는 분할판단을 내린다면, 이러한 판단 이전에 먼저 "말이 달리는 전체표상"이 선행하여야 한다는 말이다. 판단 이전의 '있는 그대로의 사실'을 직시하는 것이 먼저 선행한다는 뜻이다. 판단은 분할된 부분이요, 직관은 분할되지 않은 전체이다. 이것이 순수경험의 시기의 니시다의 생각이었다.

사실 전체로부터 부분이 분화한다고 하는 것은 그리 낯선 얘기가 아니다. 많은 신화, 종교, 철학이 세계가 하나의 혼융적 일체에서 분화되어 나왔다고 이야기하고 있기 때문이다. 예를 들면, 이집트 신화. 고대 그리스 자연철학자들의 입을 통해 듣는 원시범신론적 단일정신체인 누스. 일자로부터 만물의 유출을 말하는 신플라톤주의. 태극에서 만물이 탄생하는 신유학의 우주론 등 수없이 많다.

윌버 역시 "실재란 의식의 비이원(nondual) 수준, 즉 대심(大心 Mind)으로부터 출현되는 것"[30]이라고 말한다. 이는 니시다의 순수경험의 규정과 유사하다. 비이원이란 주체와 객체의 이원적 대립을 부

---

29 같은 책, 186.

30 Ken Wilber, *The Spectrum of Consciousness*, 41.

정하는 단어이기 때문이다. 이러한 점에서만큼은 니시다와 윌버의 관점에 차이는 없다고 보아야 한다. 다만, 니시다의 순수경험, 자각, 절대무, 장소 등의 개념이 윌버의 비이원적 실재와 같은 의미를 갖고 있는가, 아니면 다르다면 어떤 차이점을 갖고 있는가 하는 것에 대해서는 별도로 논의되어야 할 필요성이 있다. 그러나 이 문제는 상당히 복잡하다. 단일한 하나의 실재로부터 다양성이 출현한다고 하는 기본구조는 동일하나 이에 대해 논하고 있는 플라톤에서 셸링, 헤겔을 거쳐 현대에 이르는 수많은 서양 철학의 전통과 이에 대하는 동양의 수많은 철학전통의 주장들이 서로 제각각이기 때문이다.

다음으로 순수경험의 상태로부터 어떻게 주관과 객관의 대립이 발전(발생)하는가에 대한 니시다의 주장을 살펴보자. 니시다는 이 출현을 경험의 성장 과정을 통해 예로 설명한다. 그는 갓난아이가 첫 출현했을 때에 이 아이의 의식을 완전한 순수경험의 상태라고 보았다. 그러나 경험의 진행과 발전에 따라 경험과 경험이 충돌하면서 주관과 객관의 분열이 생겨난다. 경험은 정지되어 있는 것이 아니라, 계속해서 변화하는 것이며, 체계적으로 발달(systematical development)하는 일종의 활동이다.31 바로 이 지점에서 통일과 불통일의 문제가 발생한다. 주객미분의 순수경험의 통일성이 경험의 진행에 따라 다른 경험과의 충돌 속에서 불통일을 발생시킨다는 것이다.

주관과 객관의 대립이 경험의 진행과정을 통해서 발생한다고 하는 주장은 윌버가 처음부터 주장했던 바인데, 니시다에 비해 이 과정에 대해 매우 상세하게 논하고 있다. 제1기의 두 저서, 『의식의 스펙트럼』

---

31 西田幾多郎, 『哲學槪論』, 190-191.

과 『무경계』 전체가 바로 〈의식의 스펙트럼〉에 대해 논술하고 있는 책이라고 해도 과언이 아니다. 〈의식의 스펙트럼〉은 니시다의 유일 실재인 의식현상이 어떠한 과정으로 유출과 환원의 과정을 거치며, 또한 그것이 어떠한 방식을 통한 분화와 통합의 과정을 거쳐 가는가 하는 것에 대한 개념이다.

아래의 그림은 이 내용을 필자가 간단하게 그림으로 정리한 것이다.[32]

[페르조나 수준] ↔	[자아수준] ↔	[유기체수준] ↔	[합일수준]
페르조나	자아	유기체	우주의식 OR
쉐도우	신체	환경	대심(Mind)
4차 이원	3차 이원	1, 2차 이원	무경계, 합일

그림을 통해서 알 수 있듯이, 세계는 우주의식 또는 대심으로부터 분화되어 유기체 수준, 자아 수준, 페르조나 수준으로 분화 발전한다. 윌버는 이 이원화의 과정, 분별화의 과정을 4개의 차원에서 설명한다 (물론, 이것은 세계의 분화 발전 과정이 반드시 4단계를 거쳐 진행한다는 말이 아니다. 훨씬 많게 또는 보다 적게 구분할 수도 있다. 분류는 분류일 뿐이다). 이것은 의식의 전개 과정이기도 하며 또한 세계의 전개 과정이기도 하다. 니시다와 마찬가지로 윌버에게도 유일 실재는 의식현상이기 때문이다. 그리고 이 과정은 니시다의 주장과 마찬가지로 판단의 출현, 의미의 출현 과정이기도 하다. 어쨌든 이러한 과정을 통해서 분화 발전하는 세계는 니시다의 주장과 마찬가지로 새롭게 출현한 다양한

---

32 Ken Wilber, *The Spectrum of Consciousness*, V장 전체.

경험의 충돌, 분리된 다양한 층들의 주객 분리에 의한 충돌로 인해 분열과 갈등을 경험한다. 그림에서 보면, 각 수준은 각각의 대립을 갖고 있다. 예를 들어, 페르조나 수준에서는 페르조나 대 쉐도우, 자아 수준에서는 자아 대 신체 등이 그것이다. 따라서 새로운 경계선의 층들을 하나씩 허물고 다시 회귀하여 모든 스펙트럼의 층들의 대립들을 해체하면서 완전한 무경계의 합일 수준, 즉 우주의식으로 되돌아가는 것이야말로 제1기 윌버가 제시한 의식의 스펙트럼의 대략인 것이다. 원초의식으로부터의 전개 그리고 원초의식으로의 회귀.

니시다에게 있어서도 의미와 판단의 세계에서 판단 이전의 주객미분의 순수의식으로의 회귀가 목적이 되는가? 적어도 순수경험의 시기에 있어서는 주객미분이라는 개념을 이상적으로 그리고 있다는 점에서 이러한 지적은 옳다고 할 것이다.

다시 니시다의 이야기로 돌아가자. 니시다는 앎이라고 하는 것은 분열의 상태로부터 통일의 상태로 돌아가는 것임을 천명하고 있음에도, 주객의 대립과 충돌이 "경험의 발전상 필요한 충돌이며 경험의 확장"[33]이라고 말하고 있다.

주관과 객관과의 대립은 경험의 발전에 있어서 일어나는 충돌로부터 성립한다고 한다면, '안다'라고 하는 것은 분열의 상태로부터 통일의 상태로 돌아가는 것이다. 오직 하나의 통일된 상태에서는 '안다'라고 하는 것은 없다. 충돌에 당해, 주관과 객관과 대립된 때, 인식작용이 나온다. 주관의 발전의 결과 하나의 통일이 발생한 때, '알았다'가 된

---

[33] 西田幾多郎/高坂正顯(編), 『哲學槪論』(東京: 岩波書店, 1953/1970), 193.

다. '안다'고 하는 것은 내계와 외계와 대응한다고 하는 것이 아니라, 하나의 경험체계의 발전이다.[34]

니시다에 의하면, 의식이란 본래 체계적인 것이며, 발전 완성하는 것이 그 자연적인 상태이다. 그리고 이 발전의 과정에서 다양한 체계의 모순충돌이 일어난다. 이때 판단이나 반성적 사유가 나타나는 것이다. 하지만 모순충돌은 오히려 커다란 체계발전의 계기가 된다.[35]

더 나아가 니시다는 다음과 같이 말하고 있다.

우리들의 인식작용은 〈대응작용〉(corresponding activity)이 아니라 〈전진작용〉(progressive activity)이다.[36]

니시다의 이러한 언급은 플라톤, 아리스토텔레스 이래의 〈사유와 존재의 일치〉라는 전통적인 서양의 인식론적인 관점을 대변했던 진리대응설(Correspondence Theory)을 벗어나 일보 전진한 것이라고 생각된다. 그리고 이러한 언급은 순수경험의 시기의 니시다의 사상이 단순히 주객미분의 통일의식인 순수경험으로의 회귀만이 아니라, 주객미분에서 주객분화를 거쳐 새로운 합목적적 통일성으로의 전진이라는 생각을 암묵적으로나마 불명료하게나마 갖고 있었던 것은 아닌가 하는 생각이 들게 한다. 순수경험을 원초적 의식만이 아니라 의

---

34 같은 책, 195.
35 西田幾多郞/安倍能成外(編), 『西田幾多郞全集』1(東京: 岩波書店, 1947), 24.
36 西田幾多郞, 『哲學槪論』, 197.

식의 발전체계 전체를 순수경험이라고 불렀던 니시다의 사유는 이러한 생각에 대한 하나의 근거가 될 수 있을 것이다. 학자들이 이 이중성을 순수경험에 대한 니시다의 모순적 생각이라고 본 점이 오히려 순수경험의 외연을 원시세계가 아니라 전체세계로 확장시켜주는 역할을 수행해줄 수도 있을 것이다. 그렇다면, 제2기 이후의 윌버의 관점과 대화할 수 있는 접점을 갖고 있다고 할 수 있다.

그러나 이러한 전진적 사고, 발달적 사고, 진화적 사고는 애당초 니시다가 순수경험을 원초의식으로 보았던 사실과 상호 모순되는 것이 아닌가?

위에서 살펴본 것처럼, 니시다에게 있어서 의식은 주객미분의 상태에서 분화를 통해 전개된다. 혼돈된 주객미분의 의식 상태로부터 다양한 종류의 의식 상태가 분화 발전해 오는 것이다. 그런데 이제 니시다는 원시의식만이 아니라 분화된 의식, 무의미만이 아니라 의미, 직관만이 아니라 판단의 과정까지도 순수경험이라고 주장하고 있는 것이다. '순수경험'의 개념을 둘러싼 앞에서의 모순은 ① 사리분별 이전의 통일적인 의식 상태와 ② 사리분별 이후의 불통일 상태로부터 생겨난 의식의 발전상태의 모순이다. 문제는 ①과 ②를 모두 순수경험이라고 말하고 있다는 점이다.

우리를 혼란스럽게 만드는 것은 니시다가 이 양자를 모두 순수경험이라고 언술해 놓고서도, 이 두 개의 서로 다른 종류의 순수경험을 명확히 구별해서 논하고 있지 않다는 점이다. 순수경험과 판단, 사실과 의미와의 구별의 기준이 되고 있었던 〈통일〉이나 〈불통일〉이라는 것도 결국 〈정도의 차〉일 뿐이라고 말하고 있다."[37]

그래서 학자들 중에는 이 두 종류의 순수경험을 구분해서 설명하기도 한다. 예를 들어, 히다카(日高 明)는 이를 〈상태로서의 통일〉과 〈활동으로서의 통일〉로 구분하여 설명한 바 있고, 히라야마(平山 洋)는 전자를 〈원초적 정신상태〉, 후자를 〈의식의 체계적 발전 전체〉라고 구분하여 설명하기도 하였다.38 이러한 구분은 우리의 논의를 전개하는데 있어서 상당한 도움을 제공한다.

히라야마(平山)는 자세한 문헌조사에 의해서 「심리학강의」, 「윤리학초안 제2」, 「순수경험에 관한 단장」 등 초생기 초고와 『선의 연구』 각 편과의 대조를 통하여, 1907년부터 1908년 사이에, ① 전자의 순수경험 개념에 ② 후자의 순수경험이 덧붙여졌다는 것을 분명히 하였다.39

결국 이것은 케다 마사코가 제기한 일성(一性) 또는 통일성의 문제이기도 한 것이다. 순수경험의 통일성의 유지와 균열이라는 문제가 다카하시와 니시다 사이에서 벌어지고 있었던 것이라고 보아도 무방하지 않을까? 어쨌든 본 논문에서 히다카는 이것을 다시 〈상태로서의 통일〉과 〈활동으로서의 통일〉로 구분하여 생각하는 의견을 소개

---

37 西田幾多郎/安倍能成外(編), 『西田幾多郎全集』1, 16. 西田幾多郎/高坂正顯(編), 『哲學概論』(1953), 191.

38 日高 明, "純粹経験と意味," (2010. 12), 5. "平山의 분석에 의하면, 순수경험 개념은 원초적 정신상태(특성 I)와 의식의 체계적 발전전체(특성 II) 외에도, 〈정신활동의 근본형식〉(특성 III), 〈경험 즉 실재론〉(특성 IV), 〈신〉(특성 V)이라는 3개의 특성을 갖고 있다. 平山은 이들 5개의 특성 중 I, III, IV를 모두 모아 〈직접 경험 개념〉이라고 불렀고, 직접 경험 개념에 II, V의 특성을 더한 것을 〈(광의의) 순수 경험 개념〉이라고 부르고 있다. 정확히는 1907년부터 1908년에 걸친 변화는 〈직접 경험 개념〉으로부터 〈(광의의) 순수 경험 개념〉으로의 변화이다. 다만, 직접 경험 개념과 광의의 순수 경험 개념의 주된 특성은 각각 I과 II의 모양이기 때문에, 또한 본 발표에서의 논점을 명확히 하기 위해, 여기에서는 특성 I(원초적 정신 상태)와 특성II(의식의 체계적 발전 전체)와의 초점을 묶어서 고찰한다."

39 平山洋, 『西田哲學の再構築: その成立過程と比較思想』(ミネルブァ書房, 1997), 82-115. 재인용. 日高 明, "純粹経験と意味," (2010. 12), 5.

하고 있는데, 이러한 구분에 따른다면 다카하시는 순수경험의 통일을 〈상태로서의 통일〉로 받아들였고, 그렇기 때문에 정도의 차이를 인정하는 통일을 받아들일 수 없었던 것이다.

이에 대하여 니시다는 그것을 〈활동으로서의 통일〉의 관점에서 보았다고 여겨진다. 니시다는 응답논문에서 자신이 "순수경험의 근원적 성질로 삼았던 통일은 단순히 정지적 통일이 아니라, 활동적 자각자전의 통일이다"라고 했으며, 순수경험은 "변화발전이 그 본질이므로 변화발전과 함께 그 자신에게 동일한 것"이라고 했다.[40] 니시다 스스로가 〈활동적 통일〉에 대한 의미가 충분히 논의되지 못했다고 자성한 바가 있는 것처럼, 필자는 니시다가 다카하시와의 논쟁을 통해서 이와 관련된 논의를 더욱 성숙시켰던 것이 아닌가 생각해 본다. 참고로 히다카는 이것을 『답함』에서의 니시다의 강조점이 변했던 것이라고 보고 있다.[41]

그러나 여전히 의문이 남는 것은 〈활동으로서의 통일〉 또는 〈의식의 체계적 발전으로서의 순수경험에서의 통일〉을 앞에서 다룬 바와 같이, 통일성의 균열이나 순수성의 훼손으로 보지 않고 어떻게 논리를 전개할 수 있는가 또는 니시다가 이에 대해 어떻게 설명하고 있는가 하는 점이다.

니시다 자신은 명확하게 언명하고 있지 않지만, 필자가 눈여겨보고 있는 것은 니시다가 분리된 주객이원, 주객분리의 경험이나 인식 자체를 순수경험이라고 말하고 있지 않다는 점이다. 니시다는 분리

---

40 西田幾多郎, 『西田幾多郎全集』1, 303.
41 日高 明, "純粋経験と意味," 7.

의식이 아니라 의식의 〈발전체계 자체〉가 순수경험이라고 말하고 있다. 분리의식의 겉보기 현상이 아니라, 분리의식의 바탕을 이루며 바탕에서 작용하는 것을 의미했던 것은 아닐까?

이러한 생각은 바탕의식과 표층의식을 물과 파도의 비유로 표현했던 윌버의 인티그럴 심리학의 관점에서 보면 이해가 된다. 순수경험의 비분별의식을 물로 보았을 때, 활동으로서의 분별의식은 파도이다. 그 파도의 골들은 의식의 스펙트럼의 각 단계의 하나하나의 골들이다. 표층에서 보았을 때, 이것은 각 단계의 분별의식의 수준을 드러내주지만, 사실상 파도는 곧 물인 것이다. 즉 주객미분의 순수경험도 주객분리의 비순수경험도 모두 그 바탕의식, 근저의식에서는 물인 것이다. 그러나 순수경험의 시기에 니시다는 이러한 생각의 단초는 갖고 있었을지 몰라도, 그것을 명확하게 설명해내지는 못했다고 해야 한다.

니시다의 순수경험을 "원시적 정신상태"와 "의식의 발전적 체계 전체"로 구별해서 이해하는 후대 학자들의 해석은 순수경험으로서의 실재가 미분화의 상태에서 분화의 상태로, 미분별의 상태에서 분별의 상태로 진행되는가에 대한 이해에 있어서 적어도 순수경험의 양의성의 문제가 단순히 모순의 문제가 아니라 보다 적극적으로 해석해야할 여지가 있다는 점을 보여주었다. 그러나 이 시기의 니시다는 윌버처럼 보다 근본적인 바탕의식에 대한 생각을 발전시키지는 못했다고 해야 할 것이다.

3) 자각의 존재방식과 활동 방식

히다카는 〈자각〉 개념의 뿌리 중 하나가 데데킨트의 '무한의 정의'
와 그것을 채택한 로이스의 '자기표현적 체계'라는 개념에서 나온 것
이라고 소개한다.[42] 니시다는 논문 "답함"과 같은 해에 나온 논문 "논
리의 이해와 수리의 이해"(1912.09)에서 데데킨트의 정의를 "어느 체
계가 자신 안에 자신을 모사할 수 있을 때에 무한이다"라고 번역하고,
이어서 "즉 로이스의 '자기대표적 체계'[43]가 무한이다"라고 말하였다
는 것이다. 그리고 니시다는 논문 "답함"에서 이 정의를 거론하여 순
수경험의 '발전'에 대해 설명하였다는 것이다.

그러면 발전에 대한 이야기인 반성이란 무엇인가? 반성(反省)이란
"자기 안에 자신을 모사한다"고 하는 "자각(自覺)의 자기사상(自己寫
像)적인 존재방식"에 대한 것이다. 즉 반성이라고 하는 것은 자기가
자기를 모사하는 것이다. 자기가 자기를 모사하는 것은 거리를 두고
자기를 대상화할 수 없는 것이다. 모사라고 하는 것은 로이스의 말대
로 완전한 자기표현 체계이다. 니시다가 자각을 단순히 "자기가 자기
를 모사한다고 하지 않고, 〈자기 안에〉라는 문구를 집어넣은 것은 반
성하는 자기와 반성되는 자기의 동일성을 나타내기 위해서였다."[44]

필자는 여기에서 반성의 자기복사 또는 자기모사 기능에 주목한
다. 그것은 의식의 발전이 순수경험이 오염되거나 순수경험의 통일
성을 깨뜨린다고 하는 관점이 아니라, 의식의 발전이 오히려 이 통일

---

42 日高 明, "純粋経験と意味," 8.
43 selfrepresentative system의 번역.
44 日高 明, "純粋経験と意味," 9.

성의 자기표현체계라고 하는 것을 니시다가 말하고 싶었던 것이 아닌가 생각한다. 왜냐하면, 자기복사 또는 자기표현이기에 그것은 통일성이 그대로 유지될 수 있다고 생각할 수 있기 때문이다. 니시다가 노렸던 것, 히다카가 설명하려고 했던 것이 바로 이 점이 아니었을까 생각해본다. 만일 그렇다고 한다면, 순수경험의 양의성이 갖고 있었던 근본적인 문제가 이러한 〈모사〉, 〈복사〉의 방식으로 해결방안을 찾았다고 평가할 수 있다.

히다카의 평가대로, 『선의 연구』에서는 불충분하게 논의되었고 불완전했던 〈순수경험/판단〉, 〈사실/의미〉, 〈구체/추상〉의 구분은 "답함"에 이르러 〈사실-즉-의미〉로 대체되었으나 순수경험 자체가 사유나 반성을 향해 문을 닫아버림으로써 애초에 순수경험을 토대로 모든 것을 설명하려던 그의 계획은 불충분한 채로 끝나버렸다.

그리고 그것은 코오사카의 평가대로, 사실과 의미를 나누었던 순수경험의 양의성 자체의 미성숙함에서 비롯된 것일 수 있다. 그러나 필자는 『자각에 있어서의 직관과 반성』에 이르러 〈순수경험-판단〉의 관계를 〈직관-반성〉의 관계로 진전이 가능했던 것이 사유나 반성을 원초적 정신상태로서의 순수경험이라고 생각하는 한에서였다고 하는 히다카의 주장을 수용하기 어렵다. 물론 니시다가 원초적 순수성을 끝까지 유지하면서 활동적 통일성을 말하고자 했다는 측면에서 히다카의 이해는 정당하다고 할 수 있다. 하지만 필자가 거부하는 것은 그것이 가지고 있는 복사 개념으로서의 의식의 분화 발전에 대한 것이다. 그것은 과연 성공한 것일까? 그 논리 자체에서는 어느 정도의 성과를 올린 것으로 생각된다. 하지만, 순수성의 단일성 유지라는 한계, 복사 개념의 한계, 유출과 환원 구도라는 고대적 사고의 한계는 여전히 넘어서 있지 못한 것은 아닌가? 선재하는 순수선(純粹善)의 이데아와 복사 그리고 정도의 차이가 아니고 무엇인가! 하지만 히다카가 니시다의 글을 일부 인용하면서 던진 마지막 말은 일말의 기대감을 갖게 한다.

순수경험에 대한 판단은 순수경험의 일부를 추상하는 것으로밖에 없다. 그것은 확실히 원경험을 변질시키는 것이 된다. … 순수경험은 처음의 원초적 감각으로부터 출발하여 그 의미를 잠식해가는 식으로 분화 발전하는 것이 아니라, 〈반성하는 것이 바로 자기발전의 작용이며 이렇게 하여 무한히 나아가는 것이다〉[45]라는 형태로 언제나 새로운 의미를 창조하는 것일 수 있다.[46]

그렇다면 자각이란 무엇인가? 어떤 위치와 의미를 갖고 있는가?

반성이 이와 같은 의식의 발전체계로서의 의미를 갖고 있다고 한다면, 직관과 반성의 통일체로서의 의미를 갖고 있는 자각이란 무엇인가? 어떤 존재방식을 갖고 있는가?

〈자각의 시기〉에 있어서의 니시다는 〈순수경험〉의 시기에 있어서의 무의미와 의미, 판단 이전과 판단 이후, 사유와 존재, 직관과 반성의 문제를 '실재란 무엇인가'에 대한 철학적 논의를 통해 논리학적으로 풀어놓았다.[47]

니시다는 먼저 실재를 두 가지 양태로 구분하는 철학적 견해에 대

---

45 西田幾多郎/安倍能成外(編), 『西田幾多郎全集』2(東京: 岩波書店, 1947), 15.
46 日高 明, "純粋経験と意味," 12
47 西田幾多郎/高坂正顯(編), 『哲學概論』(東京: 岩波書店, 1953/1970), 216-220.

한 검토로부터 이 문제를 시작한다. 데카르트는 각각 영혼과 육체의 속성인 사유와 연장을 각각 독립된 것이라고 생각하는 입장을 대표한다. 니시다는 이러한 입장에 대하여 이 양자는 동일한 하나의 실체가 서로 동합(働合)하는 양면이라고 생각할 수 있다는 입장을 내놓는다. 참 실체는 주관과 객관의 양면을 포함한다는 것이다.

> 사유로부터 떨어진 존재도, 존재로부터 떨어진 사유도, 실은 단순한
> 추상에 지나지 않는 것은 아닌 것인가?[48]

그리고 논리학에 있어서의 판단의 형식의 문제를 통해 이러한 자신의 주장을 논증해나갔다. 판단은 주어, 술어, 계사의 관계로부터 성립한다. 그리고 실재에 관한 철학의 사고방식은 이 3개 중에서 어느 것을 강조하느냐에 따라 각각 다른 입장을 취해왔다.

첫째, 술어의 입장을 강조하는 판단형식은 다음과 같다.

A_1 ist B
A_2 ist B
A_3 ist B

이러한 판단형식에서는 실재는 모두 B의 나타남이다. 근본 술어의 방향은 개별자가 아니라 일반자의 방향이다. "이 꽃은 붉다" 하고 할 때 "붉은 놈"이라든가 "붉은"이라고 하는 방향이다. 이러한 사고방식에서는 가장 일반적인 술어인 "유"(有)가 궁극의 실재이며 최고의 존재다.

---

48 西田幾多郎, 『哲學槪論』, 216.

둘째, 주어의 입장을 강조하는 판단형식은 다음과 같다.

A ist B_1

A ist B_2

A ist B_3

이러한 판단형식에서는 B_1, B_2, B_3 등 모든 현상은 실체 A의 작용, A의 현상이라고 판단한다. 술어의 측면에서는 일반자가 실재 이지만, 주어의 측면에서 보면 개물 또는 개별자가 실체이다. 이러한 관점에서는 최고의 주어가 궁극의 존재다. 최고의 자아를 추구했던 데카르트, 헤겔 등이 대표적이라 하겠다.

셋째, 계사의 입장을 강조하는 판단형식은 다음과 같다.

A_1 ist B_1

A_2 ist B_2

A_3 ist B_3

이러한 판단형식에서는 A가 B에 귀의하지도 않으며, B가 A로부터 유래하지도 않는다. 그 역도 마찬가지다. 그러면 A와 B는 무엇인가? 이러한 판단형식에서는 A와 B는 계사의 나타남이다. 이것을 일반자와 개별자의 관계에서 말하면, 개별자가 먼저 있어 그것으로부터 일반자가 나오는 것도 아니고, 일반자가 선행하여 일반자로부터 주어적 개물적 존재가 한정되는 것도 아니다.

니시다에 의하면, 이러한 판단은 심리학적으로 말하면 분트의 〈전체표상〉(Gesamtvorstellung)에 해당한다. 또한 논리철학적으로 말하면 헤겔의 〈구체적 보편〉(konkret Allgemeines)과 피히테의 〈사행〉 등이 이에 해당한다고 말한다.

이것이 니시다가 말하는 소위 〈자각〉의 방식이다. 즉 자각을 실재로 보는 사고방식은 판단의 형식으로 할 때, 계사의 입장이라는 것이다. 이렇듯 서양논리학을 더욱 철저히 하여 계사의 입장에서 해석한 것은 니시다의 동양적이고 창의적인 논리해석이라는 점에서 높이 평가할 만하다.

필자는 니시다의 이러한 독창적인 판단형식을 응용하여 자각을 "즉"의 논리로 해석했던 그의 주장에 적용해보고자 한다.

$$A_1 \quad 즉 \ B_1$$
$$A_2 \quad 즉 \ B_2$$
$$A_3 \quad 즉 \ B_3$$

이때 '즉'(卽)은 이퀄(=)의 부등호가 아니다. 이를 동양적으로 표현하면 상즉상입(相卽相入)의 논리라고 하겠다. 그리고 이 '즉'(卽)은 이후 불교의 공(空)에 대한 니시다식 표현인 절대무, 장소 개념으로 발전해가는 시발점으로 작용했다고 추정해볼 수 있을 것이다.

니시다에게 있어서 순수경험의 이중성 문제는 〈자각의 시기〉인 제2기의 니시다가 동양적 이해인 "즉"(卽)의 문제를 통해서 해결해나가려 했던 시기다. "참 순수경험은 의미에 대립하는 사실이 아니라, 사실즉의미이다." 그리고 "이 즉의 구조가 『선의 연구』에 있어서는 주객합일로서의 순수경험 안에서 인식되는 것인데, 보다 깊은 자각 안에서 인식됨에 이를 때에, 즉 자각에 있어서의 직관과 반성이 상즉한다고 하는 자각의 구조 안에서 인식될 때에,『선의 연구』로부터『자각에 있어서의 직관과 반성』로의 발전이 있는 것이다.[49]

불교식으로 말해, 필자는 〈순수경험의 시기〉는 주객의 이원적 대립과 주객의 통일의 문제를 색(色)과는 다른 각(覺)의 체험과 공(空)의 순수성을 통해 풀어가려고 집착한 시기라고 할 수 있다고 본다. 그러나 주객이원의 대립의 문제를 풀어갔지만, 여전히 플라톤적 이원론적 일원론에 머물러 있다. 왜냐하면 '순수경험'의 사유가 현상계의 대립과 투쟁의 문제에서 벗어나 이데아라는 참 실재를 추구했던 플라톤 철학과 많이 닮아 있다고 생각되기 때문이다. 순수 공(空)으로의 도피라고 할 수 있는 것이다.

이에 비해, 〈자각의 시기〉는 순수경험과 현실세계, 무지(無知)와 지(知), 직관과 반성이라는 공과 색의 이원적 문제를 '자각'이라는 개념을 통해 이사무애(理事無礙)식으로 풀어갔던 것이라고 평가하고 싶다. 하지만 그의 '즉'의 논리와 '이사무애'의 논리는 의미와 사실의 이원론을 해결하면서도, 동시에 자각과 반성의 관계에 있어서는 자각의 쪽에 치우친 인상을 남긴다. 후대 학자들이 유와 무의 상대적 대립이 여전히 상존하고 있다고 보고 있는 이유다. 니시다는 이후 〈장소의 시기〉에 절대무의 개념을 통해 이를 타파해나가려 하였다. 그러나 그것도 여전히 숙제를 안고 있었다. 바로 역사적이고 구체적인 현실의 문제다. 이후 행위적 직관이라는 개념이 필요했던 이유다. 하지만, 니시다는 과연 역사적 현실성의 문제, 윤리적 책임의 문제에서 벗어

---

49 高坂正顕,『西田幾多郎先生の涯崖と思想』(総文社, 1971), 78.

날 수 있을까? 그의 역사적 철학은 그가 그토록 멀리 하려 했던 형이
상학이 역설적으로 되돌아와 공허한 형이상학, 공허한 존재론에 머
물고 말았던 것은 아닌가?

월버의 종교심리철학 내지 통전적 의식 연구 안에는 니시다의 자
각 이론과 유사하거나 이를 평가할 만한 개념이 있는가? 월버는 '주시
자'(Witness)라는 개념을 종종 사용한다. 주시자는 자아의 개념과 대
비해서 이해해보는 것이 좋다.

그에 의하면 자아는 한 종류가 아니라 각 단계별 분류별로 여러 가
지의 자아로 설명될 수 있다. 제1기에서는 페르조나-그림자 수준의
자아, 자아-신체 수준의 자아, 유기체-환경 수준의 자아, 우주적 자아
로 대별된다. 제2기에서는 태고적 자아, 타이폰적 자아, 멤버쉽 자아,
멘탈-에고 자아, 켄타로우스적 자아, 정묘적 자아, 시원적 자아, 궁극
적 자기로 구별된다. 주객의 대립을 어떻게 보느냐에 따라, 자아의 수
준 또는 자아의 발달단계의 차이가 발생하는 것이다. 이 과정은 또한
수행의 과정이기도 하다. 또한 본래의 우주수준의 의식으로의 회귀도
각 단계별 자각을 거쳐 가는 과정이다(이에 비해 니시다에게 의식의 발전
과정은 직관이 아니라 반성의 과정이다). 그러므로 이를 편의상 바꾸어 말
하면, '제1 자각, 제2 자각, 제3 자각, 제4 자각,… 궁극적 자각'의 형식
으로 표현하면 더 이해하기 쉬울 것이다. 마치 월버가 이원화의 과정
을 '제1차 이원화, 제2차 이원화, 제3차 이원화, 제4차 이원화' 식으로
표현했듯이 말이다. 또는 자각이란 개념을 위와 같이 단계별로 사용하
지 않고, 궁극적인 의식으로만 사용하기를 원한다면, 자각 대신 직관
을 사용하면 될 것이다. '제1 직관, 제2 직관, 제3 직관… 자각'의 식으
로 말이다. 반성도 마찬가지다. 이러한 제안을 수용할 수 있다면, 그것

은 다음과 같은 그림으로 나타낼 수 있을 것이다.

〔윌버 제1기 의식의 스펙트럼 + 니시다 자각에 있어서의 직관과 반성〕

페르조나-그림자 수준의 자아

↑↓ ················ 제1 자각 (주시자 1)

자아-신체 수준의 자아

↑↓ ················ 제2 자각 (주시자 2)

유기체-환경 수준의 자아

↑↓ ················ 제3 자각 (주시자 3)

우주적 자기 ················ (궁극적) 자각 (주시자 자체)

(주시자도 없음)

또는 적용사례 2를 그림으로 제시하면,

〔윌버 제1기 의식의 스펙트럼 + 니시다 자각에 있어서의 직관과 반성〕

페르조나-그림자 수준의 자아

↑↓ ················ 제1 반성 / 제1 직관

자아-신체 수준의 자아

↑↓ ················ 제2 반성 / 제2 직관

유기체-환경 수준의 자아

↑↓ ················ 제3 반성 / 제3 직관

우주적 자기 ················ 자각

위 그림처럼 표현할 수 있을 것이다. 또한 제2기 윌버의 7~9단계의 의식발달체계를 적용하면, 훨씬 많은 단계의 직관, 반성 또는 자각의 수준별 정의가 내려져야 할 것이다.

불교용어를 빌면, 윌버의 이러한 의식발달과정은 점수점돈(漸修漸頓)의 과정이라고 할 수 있을 것이다. 가령, 페르조나-그림자 수준에서는 페르조나의 인격만을 '나'라고 생각한다. 그림자는 내가 아닌 것

이다. 이러한 수준으로부터 초월적 각성이 일어나면 그 다음 수준의 자아-신체수준의 각성이 생겨난다. 이 경우 정신적 자아와 신체를 구분하여 정신적 자아만이 '나'라고 생각한다면, 나의 세계는 내 신체 안에 있는 정신성만을 진정한 자아로 여기는 것이다. 영혼만을 순수한 실재로 생각하는 고금의 종교들, 육체를 영혼의 감옥에 비유했던 소크라테스와 플라톤이 주시하는 세계가 바로 이것이다. 비유적으로 말해 '주시하는 눈' 또는 '보는 눈'이 그 수준을 결정하고 자아 또는 자기의 개념을 결정하는 것이다. 그러나 의식의 발달과정이 아니라, 궁극적인 의식의 수준을 이야기할 때에는 점수점돈이라 할 수 없다. 궁극의식은 최종적인 구경각(究竟覺)의 깨달음이어야 하기 때문이다. 그러므로 각각의 단계에서 분화, 통합, 초월의 과정을 거치는 점돈점돈(漸頓漸頓)의 단계를 밟아 오르는 과정이 최종적으로는 구경각의 돈오(頓悟)에 다다르게 되는 것이다. 그래서 점수점돈, 점돈점돈, 최종돈오(最終頓悟)의 모든 의식의 발달과정 전체는 점수돈오(漸修頓悟)의 과정이라고 이해하면 쉽다. 물론 최종적인 궁극의식이 돈오점수(頓悟漸修)냐 돈오돈수냐 하는 것은 이 논의와는 전혀 다른 별개의 문제다.

이러한 '봄'의 문제를 니시다의 '자각' 개념의 관점과 연결시켜 생각하려면, 여러 수준의 자아(자기) 중에서도 윌버가 초의식의 영역이라고 부르는 영역에서의 자기의 문제를 생각하지 않을 수 없다.

제1기의 윌버는 자기의식이 켄타우로스 수준을 넘어 초개인(트랜스퍼스널) 대역으로 이동하면서 개인을 초월하면서 그 자신을 훨씬 넘어선 것을 드러내주는 또 다른 자각(自覺 awareness)을 터치하기 시작한다고 했다. 이 새로운 각성 또는 자각이란 무엇인가? 초의식 영역에서의 자기의식은 초개인적(트랜스퍼스널) 자기의식이다. 제1기의 월버는 융의 원형(archetype)을 초개인 대역의 대표적인 예로 들고 있다. 원형의 특성은 초개인적이고 인류적이며 집합적이고 초월적이며 생득적이기 때문이다. 그리고 융의 집합무의식은 이러한 수준의 정신의 심층부에 해당하는 자기의식인 것이다.[50] 이 시기의 월버는 융 심리학을 트랜스퍼스널 심리학의 입장에서 해석했던 것이다.

그러나 제4기의 월버는 이러한 입장의 일부를 철회했다. 제1기 월버는 유체이탈, 심령현상, 융의 원형들을 초월적 영역의 의식이라고 생각했으나, 제4기의 월버는 입장의 전환을 통해 심령현상이나 융의 많은 원형들이 전자아의식의 영역, 주술-신화적 영역의 것이라고 했다. 집합적이라고 해서 모두 초개인적인 것이 아니라는 것이다.[51] 그것이 어느 영역에 있든 이러한 집합무의식적인 자각이 곧 월버가 말하는 궁극의식으로서의 자각은 아니다.

합일의식의 수준에서는 어떠한 주객의 대립도 경계도 없다. 월버는 이것을 다른 말로 '비이원의식'(Nondual Consciousness)이라고도 부른다. 각각의 의식의 수준마다 비이원의 수준이 있겠으나, 진정한 의미에서의 비이원의식은 합일의식의 수준만 해당한다. 월버는 이러한 비이원의 실재를 '절대실재'(Absolute Reality)라고 부른다.[52] 진정한

---

50 Ken Wilber, *No Boundary: Eastern and Western Approaches to Personal Growth* (Boston & London: Shambhala, 1983), 111. 이러한 관점에서 보면, 초개인의식은 인류의식에 다름 아닌 것이다.

51 Ken Wilber, *A Brief History of Everything*(Boston & London: Shambhala, 1996), 193-197. 월버는 [융과 원형]이라는 소제목 아래의 내용을 통해 이에 대해 상세히 언급하고 있다.

52 Ken Wilber, *The Spectrum of Consciousness* (Wheaton: Quest Books, 1977), 39.

궁극의식인 합일의식의 수준(단계)은 깨달음을 향해 가면서 최종적으로 얻게 되는 것이 아니라, 본래의 깨달음으로부터 솟아나는 것이다. 본래의 신성을 깨닫는 것이다.

제4기의 윌버는 대문자로 표기된 자기(Self), 주시자(Witness), 순수현존(Pure Presence), 순수자각(Pure Awareness), 의식 등이 곧 '주시하는 자기'(observing self)라는 입장을 취하고 있다. 이름만 다를 뿐이지 모두 궁극의식을 일컬음에 다름 아니라는 말이다. 또한 주시자, 즉 궁극의 나(Ultimate I, 대문자)는 그리스도, 부처, 공(空) 그 자체라고도 말한다.[53] 이는 뒤에서 언급하게 될 니시다의 입장과도 유사하다. 〈자각의 시기〉에서는 아직 그의 절대무, 장소에 대한 개념이 확립되지 않았지만, 니시다 역시 이러한 생각을 갖고 있었던 것임에 틀림없다. 〈순수경험의 시기〉의 니시다는 오히려 공(空)의 다른 이름인 절대무가 아니라, 신(神)이라는 서양 종교철학의 개념을 채용하고 있다. 그것은 이 시기의 니시다가 서양 철학의 용어를 통해 자신의 사상을 피력하는데 주력했었기 때문이라고 생각할 수 있다.

니시다의 자각의 의미가 윌버의 주시차의 의미와 어느 정도 상통한다고 볼 수 있다. 그러나 앞에서도 본 바와 같이 니시다의 자각이 윌버가 궁극의식을 표현하는 앎의 최상의 상태인 '비이원'의 의미와 상통하는지는 의문이다. 한자로 표현하여 불이(不二)라 할 수 있는 윌버의 비이원 개념에 대해서, 윌버는 중관불교의 사상을 빌어 이것을 '색즉시공, 공즉시색'의 경지라고 말한다.[54] 니시다는 순수경험의 이

---

53 Ken Wilber, *A Brief History of Everything*, 179.
54 같은 책, 205.

중성에서 불거져 나온 무의미와 의미의 대립, 원초의식과 발달의식의 대립의 문제가 자각 개념을 통해 계사의 논리와 피히테의 '사행'과 불교의 '즉'의 논리에 의해서 해명하려 했다. 주사도 빈사도 아닌, 계사의 위치가 곧 '즉'이다. 그리고 이것은 '과'의 논리, 즉 사이(間)의 논리다. 그러나 니시다의 '사실 즉 의미'의 논리가 '색즉시공'의 논리, 즉 자각으로의 침잠, 무로의 침잠을 의미하는 것에 그친 것이 아닌가 싶다. 유를 포함하는 무의 논리로까지 가지 못했다고 보기 때문이다. 유를 무에 빠뜨리는 '일원론적 신비주의', '대양적 체험'에 머물러 있지 않나 싶기 때문이다.

3. 진화와 회화

과거로 돌아가는 것은 퇴화(Redraw)이다. 윌버는 진화(evolution), 회화(involution), 퇴화(degeneration), 퇴행(regression)의 개념을 구별해서 사용한다. 진화와 회화는 세계의 전개 과정운동의 방향성과 관련되어 있다. 진화는 근원에서 앞으로 나아가는 운동, 회화는 근원으로 다시 돌아가는 운동이다.

그러나 뒤에서 다시 언급하겠지만, 물리적 시간도 다시 돌아갈 수 없고, 역사도 다시 돌아가지 않는다. 제1기 윌버는 존재의 대연쇄의 유출-환원 구도에 있었기에, 진화는 전진, 회화는 후진이었다. 그러나 공간상으로의 전진과 후진은 가능해도, 시간상으로의 후진은 가능할까? Back to the Eden의 관점에서는 가능하다. "에덴으로 돌아가자!", "자연으로 돌아가자!", "초대 교회로 돌아가자!"는 외침은 이러한 시각에서 가능하다. 그러나 정말 그 시간, 그 공간으로 돌아갈 수 있을까? 과거로 돌아가자는 퇴행(regression)은 물리적으로도, 생물학적으로도, 역사적으로도 가능하지 않다. 이 주장들이 의미하는 장소는 오직 '현재'이다. 현재의 에덴, 현재의 어린아이, 현재의 초대교회다.

니시다의 순수경험이 말하는 주객미분의 원초적 의식, 영아의 의식으로 다시 돌아갈 수 있을까? 적어도 니고데모는 어머니 뱃속으로 다시 돌아갈 수 없다는 것은 자각했다. 예수의 신생(新生)은 후진에 있지 않고, 전진에 있었다.

다시 갓난아기로 돌아간다고 하는 것은 퇴화(degeneration)이다. 그러나 이것도 물리적으로도, 생물학적으로 가능하지 않다. 그러나 퇴화현상은 있다. 심리학적으로는 종종 일어나는 사건이기 때문이다. 실례로, 융의 먼 친척은 점점 퇴화해서 갓 태어난 신생아의 행동을 하다가 죽었다.

근원으로의 회귀는 과거로의 회귀가 아니다. 과거로의 회귀는 다음 파트에서 다루게 될 '낭만적 회귀'에 불과하다. 플라톤, 자연주의자, 윤회사상 등 역사상 많은 종교, 철학, 사상이 이러한 주장을 펼쳤다. 그러나 윌버는 존재의 대연쇄 전통의 이러한 관념을 완전히 역전시켜 놓았다. 그래서 윌버는 후진하여 되돌아가지 않아도, 전진하다 보면, 다시 근원으로 돌아간다는 발칙한 발상을 내어 놓았다. 제2기 윌버를 대표하는 저서 *Up from Eden*의 책 제목이 바로 그러한 면을 단적으로 보여주는 발상이다. 에덴으로 돌아가자는 것이 아니라, 에덴으로부터 나와 더 높은 이상을 향해 위로 올라가자는 말이다. 이 책에서 윌버는 에덴동산에서의 아담의 추방을 타락이 아닌 의식발달의 과정으로 해석한다. 종교사회학적으로 보면, 부모의 그늘 아래서 보

호받던 어린아이가 사회인으로 성장하는 입사의례식에 해당하는 것
이다.

이제부터 우리가 언급할 것은 켄 윌버의 '진화와 회화', '낭만적 회
귀', '전초오류' 개념에 대한 이해이다. 그 이유는 이 개념들이 니시다
철학에서의 시간성과 운동성을 비판적으로 바라볼 수 있는 방법론적
도구로 사용되기에 적합하기 때문이다.

진화와 회화라는 개념은 켄 윌버가 처음부터 사용한 개념이다. 그
러나 이때(제1기)의 진화라는 개념은 아직 융 학파 심리학자 에릭 노
이만 등의 의식사의 개념, 피아제 등의 발달심리학적 개념, 현대 진화
론의 진화개념이 자리 잡기 이전의 개념이었다.

진화(Evolution)와 회화(Involution)는 앞에서 언급한 유출-환원
구조의 진행 방향에 대한 개념이다. 제1기의 윌버에게 "진화는 영
(Spirit)으로부터 멀어지는(away) 운동이며, 회화는 영으로 돌아가는
것(turning back)"이었다.[55] 이것이 소위 하버드대 철학과 교수 아서
러브조이가 이야기한 '존재의 대연쇄'(Great Chain of Being)의 일반적
인 패턴이다. '존재의 대연쇄'란 플라톤에서부터 쉘링까지의 철학이
저 높은 초월적 보편자로부터 이 낮은 현상계의 사물과 개체의 세계
가 형성되어 왔다고 하는 것을 지칭하는 개념이다.[56] 플라톤적으로
말하면, 상기를 통해 과거로 돌아가는 것이 회화이며, 과거로부터 멀

---

55 Ken Wilber, *The Spectrum of Consciousness*, xix. 91년판 서문.

56 Arther Lovejoy, *The Great Chain of Being: A History of an Idea*. (Cambridge/
London: Harvard University Press. 1936/1964), 4-7장 내용, 59. 여기에는 '충만
의 원리'와 '연속의 원리'가 적용되고 있다. 같은 책, 52 이하.

어져 희미해지는 것은 진화이다. 다른 말로 하면, 영이 세계에 현현되어 펼쳐지는(unfold, unroll, open out) 것이 진화이며, 다시 영의 세계로 돌아가는 것이 회화인 것이다. 일자에서 다자로 가는 것이 진화이며, 다자에서 일자로 가는 것이 회화이다. 초월적 존재에서 내재적 존재를 향한 하강의 운동이 진화이며, 내재적 존재에서 초월적 존재로의 상승운동이 회화이다.

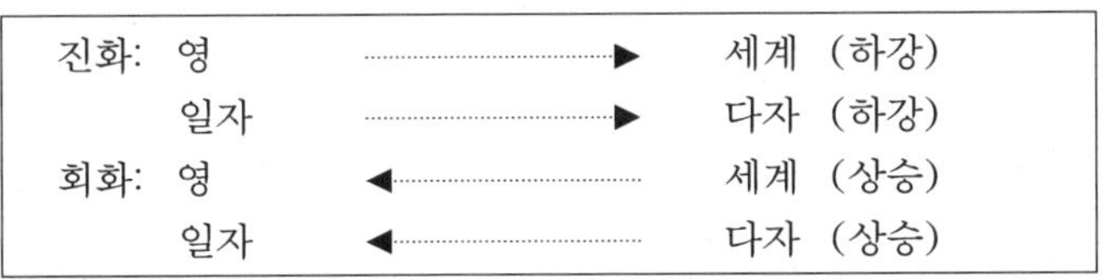

이러한 점에서 초기 니시다의 철학은 이러한 '존재의 대연쇄' 틀에서 해석하는 것이 타당하다. 『선의 연구』에서의 니시다, 〈순수경험〉에서의 니시다에게서도 이는 마찬가지였다. 순수경험을 통해 주객미분의 세계, 판단 이전의 세계, 경험 이전의 세계를 경험하는 것이 세계의 목적이다. 이는 분별의 앎을 넘어선 미분별의 앎을 추구하는 불교의 이상과 다르지 않다. 『티벳 사자의 서』로 알려진 바르도 트롤의 윤회적 사유,57 유식불교의 윤회적 사유와 다르지 않다.

그러나 제2기의 윌버에게 이 의미는 완전히 역전된다. 이때부터 진화는 근원적 영으로부터 떨어지는 것이 아니라, 오히려 근원적 영을 향해 전진해가는 것이 된다. 그 과정은 다음과 같다.

---

57 Ken Wilber, *The Atman Project: A Transpersonal View of Human Development* (Wheaton: Quest Books, 1980), 187.

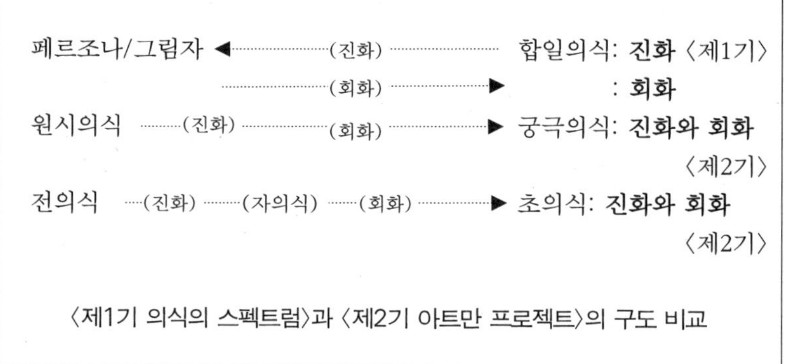

위 그림으로부터 알 수 있는 것과 제기될 수 있는 문제는 다음과 같다.

첫째, 존재의 대연쇄의 유출환원구조 내지 윤회구조로부터 탈피했다는 점이다. 이제는 근원적 일자로부터 하강하여 세계가 전개되지 않는다. 오히려 물질권에서 시작하여 생명권, 심리권, 이성권을 거쳐 영권에 이르는 것이 세계의 진행과정이요, 영에 이르는 길이며, 이것이 곧 진화(Evolution)이다. 그러나 물질에서 영으로의 진화라는 이 도식은 치명적인 약점을 안고 있다. 전통적인 존재의 대연쇄나 니시다의 철학에서는 순수경험, 자각, 신, 영, 일자가 근원이며 바탕임에도 불구하고, 이 도식에서는 물질이 근원인 것으로 보이기 때문이다.

둘째, 그러나 윌버가 모든 존재가 근원적 일자, 근원적 영으로부터 나왔다고 하는 것을 포기한 것이 아니다. 그는 위와 같은 의식의 진화과정이 사실은 영에서 영으로의 진화과정이라고 말한다. 즉 세계는 영에서 나와 영으로 가는 과정이다. 이 점에서 현대 진화론과 다르다. 현대 진화론은 물질에서 이 세계가 형성되었다고 주장한다. 그러나 윌버는 이 관점을 수용하면서도, 존재의 근원이 영에 있다는 것을 포기하지 않는다. 진화의 과정이 단계적으로 나타나는 것은 대양의 파도와도 같다. 그러나 모든 단계, 모든 존재는 그것이 물질이든 생명이든 마음이든 이성이든 영이든 모두 다 영인 것이다. 단계의 존재는 파도이며, 그 근원적 영은 대양이다.[58] 이를 그림으로 제시하면 다음과 같다.

<table>
<tr><td colspan="3" align="center">〈영의 진화〉</td></tr>
<tr><td></td><td align="center"> 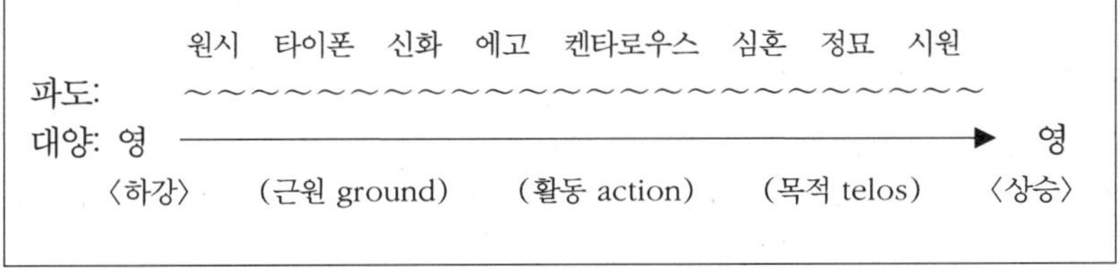원시　타이폰　신화　에고　켄타로우스　심혼　정묘　시원</td><td></td></tr>
<tr><td>파도:</td><td align="center">～～～～～～～～～～～～～～～～～～～～～～～～～～～</td><td></td></tr>
<tr><td>대양: 영</td><td align="center">———————————————————▶</td><td>영</td></tr>
<tr><td align="center">〈하강〉</td><td align="center">(근원 ground)　　(활동 action)　　(목적 telos)</td><td align="center">〈상승〉</td></tr>
</table>

셋째, 그러나 영에서 영으로의 진화의 문제는 여전히 한 가지 난제가 있다. 그것은 모든 것이 영이라고 해도, 영의 위치가 원초적 시작점에서 출발하여 종말적 종국점에 이르는 아래로부터의 위로의 직선적 상승운동을 하고 있기 때문이다. 그렇다면, 이 두 영은 왜 이리 동떨어져 있단 말인가? 이 두 영 사이의 간극을 어떻게 설명할 것인가? 이 간극에도

---

58 Ken Wilber, *No Boundary: Eastern and Western Approaches to Personal Growth*, 127.

불구하고 단지 물과 파도의 비유로만 설명이 가능한 것인가?

그래서 윌버는 제2기 이후 계속해서 자리 잡고 있는 새로운 도식을 제시했다. 필자는 이 도식이 전통적인 존재의 대연쇄 구조에서의 근원으로부터의 유출과 환원의 시간관과 현대 진화론에서의 직선적 시간관을 절묘하게 결합하고 있는 것이라고 생각한다. 서로 대립하고 양립할 수 없다고 생각되는 이 두 개의 시간관과 운동관이 어떻게 하나의 도식으로 묘사될 수 있단 말인가?

그 이유에 대해서는 아래의 그림을 먼저 참조한 후에 이야기하도록 하자.

그림을 보아서도 알 수 있듯이, 이제 윌버는 근원으로의 유출-환원이라는 전통적인 구도를 새로운 관점에서 재해석할 수 있게 되었다. 그리고 동시에 직선운동의 관점도 포기하지 않게 되었다. 그것은 존재의 대연쇄의 유(U)턴 구조와 진화론의 직선(→) 구조의 단점을 포기하고 장점을 포용할 수 있는 획기적인 방법이 되었다. 그림을 보면, 이 운동은 맨 아래에 있는 영,59 즉 바탕의식(Ground Consciousness)에서 출발하여 전혀 퇴행이나 회행하지 않고 그대로 전진운동을 하고 있음을 알 수

---

59 윌버에게 있어서 바탕의식은 '영, 절대정신, 일심(一心), 아트만, 브라흐만' 등 다양한 이름으로 표현된다. 이것을 '아트만'이라고 표현한 것은 힌두교 인도철학의 영향력이 강하게 작용하고 있었던 제2기의 저서 『아트만 프로젝트』에서 두드러지게 나타난다. '영'(Spirit)이라는 표현은 제1기부터 현재까지 두루 사용되고 있으나 특히 제4기에서 현재까지 애용되고 있는 개념이다. 제4기 저서인 『모든 것의 약사』에서는 공(空) 개념이 빈번하게 사용되었다. 이것은 바탕의식에 대한 윌버의 초점의 변화라고도 해석할 수 있다.

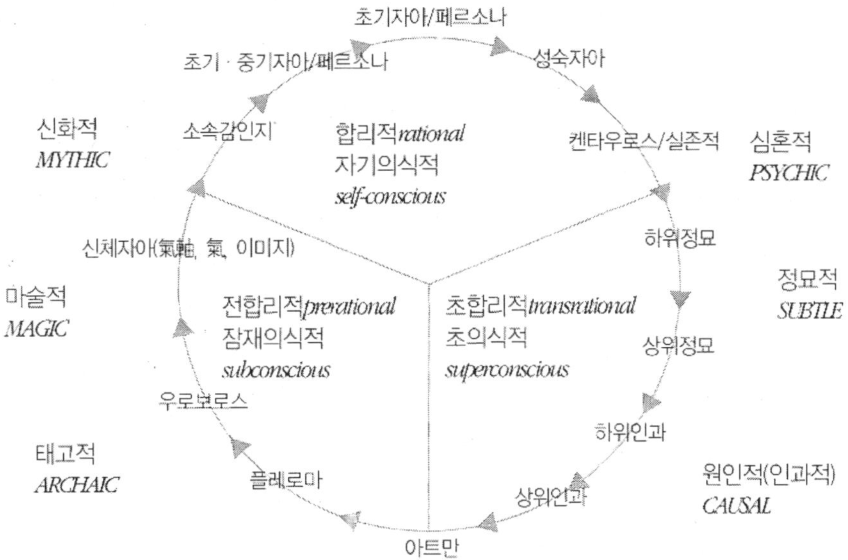

있다. 물질에서 영에 이르는 직선적 운동이다. 그러나 그럼에도 불구하고 직선운동은 곧 다시 근원으로 돌아가는 운동이다. 유턴운동과 직선운동을 원운동으로 바꾸는 발상의 전환을 통해 두 가지 문제를 동시에 해결하고 있는 것이다.

자! 이제 다시 니시다의 순수경험과 자각의 문제로 돌아가 보자.

니시다의 순수경험은 앞에서 학자들이 이야기한 것처럼 순수경험 그 자체의 정의로 놓고 보면, 순수경험이란 주객이 아직 분화하지 않은 미분화의 원시의식 또는 원초의식이다. 윌버의 인티그럴 심리학의 눈으로 보면, 전자아의식, 원시의식에 해당한다. 그리고 니시다가 추구하는 깨달음의 선체험(순수경험)은 바로 이러한 원초적 순수의식으로의 귀향 또는 환원운동에 해당한다. 이러한 관점은 제1기의 윌버와 구조적으로 동일하다. 그러나 제2기 이후의 윌버의 눈으로 보면, 니시다는 여전히 전통적 유출-환원 구조에 갇혀 있다.

하지만 니시다의 순수경험의 이중성은 니시다가 이러한 전통적 유출-환원구조에만 갇혀 있었던 것은 아니라는 점을 보여준다. 니시다의 순수경험의 이중성을 오해, 모순, 오류라고 보았던 학자들도 있지만, 오히려 이것은 원초적 순수경험과 의식의 발전체계 전체로서의 순수경험으로 나누어서 생각할 수 있는 여지를 남겨 놓음으로써 앞에서 제2기의 윌버가 영에서의 영으로의 진화를 대양과 파도의 관계로 해석한 것과 유사한 의미를 발견할 수 있게 해준다. 즉 이 논리적 내용을 니시다에게 적용해보면, 의식의 분화 발전은 파도이지만, 원초적 순수경험 내지 원시의식도 물이요, 의식의 발전체계 전체도 물이라고 표현할 수 있는 것이다. 이러한 점에서 순수경험의 이중성은 제1기의 관점에서 제2기의 관점으로 전환한 윌버의 관점변화의 맥락에서 일정 부분 접점을 갖고 있다고도 볼 수 있을 것이다.

절대적인 자아(Ich, I) 개념을 전제로 한 피히테의 '사행' 개념과 논리, 주어와 술어가 아닌 '계사'의 개념과 논리, '사실 즉 의미'의 '즉'의 개념과 논리를 통해서 '순수경험' 대신에 '자각'의 개념을 제시한 제2기 니시다의 경우는 어떠한가? 니시다는 직관과 반성을 동전의 양면과도 같은 것으로 놓으면서 이 직관과 반성의 운동을 통합하는 보다 더 근원적이며 바탕을 이루고 있는 '자각' 개념을 제시했다. 윌버에게 있어서는 직관과 반성을 한 본체의 두 개의 양면으로 제시하는 사유는 없다. 그 이유는 윌버에게 있어서는 각 단계마다 대립하는 두 개의 대쌍(對雙)이 있으며, 그 대쌍이 통합되고 초월하는 구조의 운동을 제

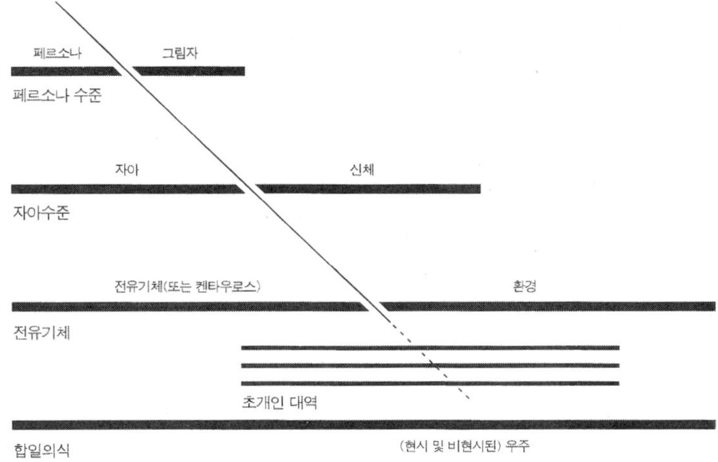

시하고 있기 때문이다.

군이 니시다의 개념을 사용한다면, 직관도 반성도 각각의 발달의 단계에 따라 수준의 차이를 갖고 있다고 할 것이다. 즉 페르조나 수준의 직관, 자아 수준의 직관, 유기체적 수준의 직관, 우주적 차원의 직관. 또한 페르조나 수준의 반성, 자아 수준의 반성, 유기체 수준의 반성, 우주적 차원의 반성. 그러나 반성 개념 자체가 초이성적 개념이 아니기 때문에 우주적 차원의 반성이라는 개념이 성립되지 않을 것이라고 본다.

윌버의 인티그럴 심리학의 관점에서 보았을 때, 니시다의 자각 개념에는 존재와 사유의 바탕의 논리, 존재와 사유의 즉의 논리는 있지만, 시공간의 운동과 방향성에 대한 논의는 생각되지 않았다고 보아야 할 것이다. 니시다의 논리가 중후기에 접하면서 점차로 헤겔의 영향을 받으면서 역사철학적 의미가 강조되기에, 그러한 면에서는 세계의 운동과 방향성에 대해 논할 자리가 있을 것이다.

4. 전초오류와 낭만적 회귀

월버의 종교심리철학은 제3기에 이르러 전초오류라는 개념을 발전시킨다. 제2기에서는 제1기의 존재의 대연쇄의 유턴적 회귀구조를 발달과 진화라는 개념을 통해 역전시키고 또한 그것을 원운동의 개념을 도입하여 양자의 장단점을 결합한 새로운 사고를 제시하였다.

그런 연후 제3기의 월버는 과학과 종교의 문제를 통전적 의식 연구의 틀 안에서 다루기 시작했다. 그러나 그것은 당시에 굉장한 센세이션을 일으키며 유행하였던 신과학적인 입장을 두둔하는 것이 아니라, 오히려 신과학의 입장을 비판하고 올바른 과학과 영성의 관계를 모색하는 것이었다. 월버가 신과학을 비판한 이유는 과학이 발견한 진리와 종교가 발견한 진리를 동일선상에서 같은 수준에 놓고 동일화시켰다고 보았기 때문이다. 예를 들어, 프리초프 카프라는『물리학의 도(道)』(*The Tao of Physics*)라는 책에서 양자역학이 발견한 소립자 세계에서의 상대성, 관계성, 주객상호작용성 등이 인도의 신비주의 종교철학, 동양의 신비주의 종교철학이 이미 발견한 진리와 같다는 주장을 폈다.[60]

그러나 월버는 이러한 관점이 잘못된 것이라는 것을 지적했다. 물리학자들이 발견한 신비는 물질과 물리현상을 다루는 과학적 신비를

---

60 프리초프 카프라/이성범·김용정 옮김,『현대물리학과 동양사상』[제2판] (서울: 범양사출판부, 1979/1990), 22.

다루고 있는 것이지, 종교영성가들이 다루는 신비와는 다르다는 것이다. 그는『양자적 물음』에서 물리학자들이 "물리학이-신비주의를-지지한다"는 견해를 거부하고 있음을 분명히 밝히고 있다.[61]

물리학자가 양자적 실재를 바라볼 때 그것은 물자체가 아니라… 실재에 관한 수학적 상징이다. 양자의 차이는 물리학은 추상적이고 매개적인 상징과 실재의 형식들을 다룬다는 것이고 신비주의는 실재 그 자체에 대한 직접적이고 비매개적인 접근을 다룬다는 것이다. '물리학은 그 방법론이 상징 뒤에 있는 것을 관통하지 못한다. … 그림자를 넘어가려고 하는 것은 물리학을 넘어가는 것이다. 물리학을 넘어가는 것은 메타-물리학(형이상학)적인 것 또는 신비적인 것을 향해 넘어가는 것이다.

그가 위대한 물리학자들의 말을 인용하고 또한 이러한 주장을 한 것은 신과학처럼 물리학이 신비주의의 물아일체의 체험, 주객합일의 체험을 지지해준다고 말해서는 안 된다는 것을 지적하고 있는 것이다. 즉 물리학은 물리적 실재를 다루고, 신비주의는 물리적 실재 너머에 있는 실재를 다룬다는 말이다. 그것은 아리스토텔레스의 메타피직스(형이상학)의 영역이라는 뜻인 것이다.

그러나 이 책에서는 이러한 자신의 주장을 구체화시키지 못했다. 이러한 그의 통찰이 보다 구체화된 것은 제3기의 대표적인 저서『아이투아이』에서였다. 이 책에서 그는 위에서 언급한 문제의식을 과학,

---

61 Ken Wilber, *Quantum Question*, 5-18.

신과학, 종교, 신비주의, 심리학의 지식을 동원하여 본격적으로 논증했다. 이러한 그의 문제의식을 보여주는 말은 다음과 같다.

> 물리학과 신비주의는 같은 실재에 대한 서로 다른 두 가지 접근방법이 아니다. 물리학과 신비주의는 전혀 다른 수준에 있는 두 개의 실재에 대한 상이한 접근방법이며, 신비주의는 물리학을 초월하면서도 물리학을 포용하고 있다. 말하자면 물리학과 신비주의는 보어(Bohr)의 상보성의 원리를 따르지 않는다는 말이다.[62]

필자는 이러한 윌버의 주장에 전적으로 동의한다. 그러나 신비주가 물리학을 초월하면서도 물리학을 포용하고 있다는 말에는 동의하지 않는다. 그것은 의식의 발달수준이 물리(물리학), 생물(생물학), 심리(심리학), 이성(철학), 영(신비주의)의 과정으로 진행되며 상위수준이 하위수준을 초월하면서 포함한다고 하는 그의 도식에 지나치게 규범적으로 얽매인 사고방식이라고 보기 때문이다. 하위단계를 모두 포괄적으로 다룰 수 있는 신비주의적 영성과학이 존재할 수 있을까?

어쨌든 윌버가 이러한 물리학과 신비주의가 서로 다른 수준에 있는 두 개의 실재에 대한 상이한 접근법이라고 주장했던 사실에 주목하는 것이 중요하다. 윌버는 이러한 인식하에 〈전초오류〉라는 새로운 개념을 제시했다. 윌버는 이 책에서 이 개념을 여러 도식과 함께 제시하는 한편, 심리학, 사회학, 인류학, 과학 등에서 실제로 벌어지는 전초오류 현상에 대해 상세하게 설명하고 있다.[63]

---

62 켄 윌버/김철수 옮김, 『아이 투 아이: 감각의 눈, 이성의 눈, 관조의 눈』 (서울: 대원, 2003), 237.

이 새로운 개념은 의식이 전의식(전자아의식), 자의식(자아의식), 초의식(초자아의식)이라는 세 가지 영역과 수준으로 발달한다고 하는 의식발달론을 전제로 한다. 또는 전이성, 이성, 초이성 또는 전개인적(전인격적), 개인적(인격적), 초개인적(초인격적)이라고 표현하기도 한다. 또는 전논리적, 논리적, 초논리적 또는 전개념적, 개념적, 초개념적 등으로도 표현할 수도 있다. 이를 도식화하면 다음과 같다.

[전개인적(A) — 개인적(B) — 초개인적(C)]

전초오류(PFT: Pre/Trans Fallacy)란 사람들이 초의식영역과 전의식 영역을 혼동하고 착각하는 것에서 오는 오류를 일컫는 말이다.

윌버는 프로이트가 전개인적 이드(A)와 개인적 에고(B)를 올바르게 인식하고 있었지만, 모든 영적인 초개인적 에고(C)를 전개인적 수준으로 환원시켰다고 주장했다. 이러한 사고방식은 단지 프로이트에만 국한된 것이 아니라, 피아제, 설리번, 아들러, 아리에티 등 서구 정통파 심리학자들의 표준적인 사고방식이라고까지 했다. 그림으로 나타내면 다음과 같다.

[전개인적(A) → 개인적(B)] (초개인적 영역 없음)

윌버는 융은 그 반대의 오류를 범했다고 보았다. 융은 초개인적 또는 초자연적인 차원을 매우 올바르게 인식하고 있었지만, 이 영역을

---

63 같은 책, 7장.

전개인적인 것들과 자주 뒤섞거나 혼동하고 있었다고 지적했다. 이를 그림으로 나타내면 다음과 같다.

[초개인적(C) ← 개인적(B)] (초개인적 영역을 전개인 영역에 위치시킴)

필자의 설명을 덧붙이면, 융은 초의식적인 '원형'을 발견하는 것을 중시했으나, 실질적으로나 내용적으로 융이 말하는 원형은 전의식 영역에 해당하는 무의식에 있었다. 윌버의 발달도식으로 보면, 그것은 집합무의식이라는 점에서는 초개인적인 의미를 갖고 있으나, 발달단계상 집합무의식은 전자아 의식 영역에 자리 잡고 있는 것이다. 융은 개인의 자아의식의 밑바탕에 집합무의식을 놓고 있다. 그러나 윌버의 경우에는 개인무의식이나 집합무의식이나 모두 동일한 발달단계를 거쳐 성장해나가는 구조를 택하고 있다. 이를 그림으로 표시하면 다음과 같다.

[개인무의식: 원시-마술-신화-이성-심혼-정묘-시원]
[집합무의식: 원시-마술-신화-이성-심혼-정묘-시원]

윌버는 이러한 전초오류의 개념을 개인의식이나 집단의식에만 국한시키지 않고, 이것을 다시 철학과 시대정신의 문제로까지 확장시킨다. 그는 『감각과 영혼의 만남』 제7장에서 [원초로의 회귀]라는 부제를 붙인 [낭만주의]에 대해 다루었다. 그리고 "원시로 돌아가자!", "자연으로 돌아가자!"라는 모토를 가진 낭만주의 시대의 정신에 대해 검토한다. 우선 낭만주의는 근대의식이 가져 온 단편화와 분열화를 막기 위해 몸부림친 긍정적인 측면을 갖고 있었다. 근대의 가장 대표적인 폐단은 주객을 분리한 자아중심적 사고이다. 그러나 문제는 이러한 분열을 치유하기 위해서 낭만주의가 분열 이전의 시대이며 원초적이며 순수한 시대인 원시시대로 돌아가기를 원했다는 점이다. 이는 원시시대의 '전체성'과 '합일'을 그리워하는 복고적 낭만주의이다. 하지만 윌버는 이것이야말로 전초오류의 굶주린 먹잇감으로 전락한 사건이라고 해석한다. 그는 초합리성은 결코 전합리성이 아니며, 초합리성은 반이성적인 것이 아니라 매우 우호적인 방식으로 초이성적인 것이라는 점을 강조한다.[64] 즉 초의식의 영성은 이성에 반하는 영성이 아니라 오히려 전이성, 이성을 초월하면서 동시에 포함하고 있는 영성이라는 말이다. 이것이 중요한 이유는 윌버가 말하는 궁극의식, 즉 합일의식은 이성 이전의 의식이 아니라, 이성적 사고가 충분히 계발된 상태에서 이성적 사고가 갖고 있는 한계를 넘어서 더 보편적이고 더 포괄적인 영역으로 초월해 있는 의식의 수준을 의미하는 것이다.

그러면 니시다의 경우는 어떠한가? 앞에서도 보았듯이 '순수경험'은 주객미분화의 원초의식이다. 니시다는 나도 없고 너도 없는 주객미분의 종교체험을 이러한 원초의식으로의 회귀라고 생각했다. 직접지라고 불리는 순수경험은 모든 개념과 판단이 형성되고 작용되기 이전의 주객미분(主客未分)의 의식을 일컫는 말로 사용되었다. 개인의식의 발달라인에 따르면, 갓난아이의 의식이다. 주객미분이란, 판단의 형성 이전을 말하는 것이며, 주체와 객체가 반성에 의해 아직 나누어지지 않은 사고의 형태(상태)를 말하는 것이다. 그것은 아직 어머니

---

64 켄 윌버/조효남 옮김, 『감각과 영혼의 만남』 (서울: 범양사, 2000), 154-157.

뱃속에 있는 태아(胎兒) 또는 갓 태어난 영아(嬰兒)의 상태로 비유하고 있는 바와 같이, 집단의식에 있어서는 인류의 원초의식에 해당한다고 할 수 있다.

니시다는 플라톤, 플로티노스, 에크하르트, 융, 유식불교 등에서 말하는 유출-환원구조의 전통에 서 있다. 이 전통들은 모두 과거, 태고, 원초에 대한 숭고주의, 상고주의의 자세를 취하고 있다. 마치 에덴동산은 미래에 있지 않고, 과거에 있듯이 말이다. 플라톤의 이데아로의 회향은 완전한 세계인 과거로의 원초적 세계로의 모성적 회귀사건이다.

여기서 눈여겨 볼 점은 이 주객미분의 의식 상태를 완전한 합일상태로 서술하고 있다는 점이다. 이것 역시 종교의 수행전통, 영성전통 속에서 완전한 합일의 상태를 주객미분의 상태로 규정하고, 또한 어린아이의 상태로 돌아가는 것으로 이해하는 전통과 부합한다. 순수경험의 입장에서의 니시다는 이러한 사고방식에 서 있다.

[순수경험(A)	◀━━━━━━━	판단 · 의미 (B)]
〈 주객미분화	┄┄┄┄┄┄┄	주객분리 · 대립 〉
〈 직　　　관	┄┄┄┄┄┄┄	반　　　성 〉
(갓난아이)		(성인)

니시다의 이러한 생각은 구조적으로 보아 융의 입장과 유사하다. 이 분류기준에서 보면, 니시다의 순수의식은 주객미분의 원초적 상태를 일컫는 것이므로 전의식에 해당한다. 그러나 한편으로 순수의식은 반성의식을 뛰어넘는 구경각의 의식을 의미하는 것이기도 하며, 또한 개인의식을 뛰어넘는 실재 자체이기도 하므로 의미상으로는 초

의식에 해당한다. 즉 실제의 의미상으로는 초의식인데, 의미규정상 으로는 전의식에 해당하는 것이다. 따라서 니시다는 융과 마찬가지로 전의식과 초의식을 혼돈하여 초의식의 종교체험을 전의식의 주객미분의 자리에 배치시키는 전초오류를 범한 것이 된다.

'트랜스퍼스널'(초개인적)에 관한 니시다와 윌버의 차이는 다음과 같다.

```
니시다: [ 초개인적(C)◀━━━━━━ 개인적(B)                    ]
윌  버: [ 전개인적(A) ━━━━━━▶ 개인적(B) ━━━━━━▶ 초개인적(C)]
```

여기서 우리가 주의할 것은 왜 전의식과 초의식을 혼동하는가 하는 점이다. 그것은 전의식과 초의식이 모두 이성의식(반성의식)의 너머에 있기 때문이며 또한 둘 모두 주객이 합일된 상태이기 때문이다. 이를 알기 쉽게 그림으로 제시하면 다음과 같다.

니시다:	순수경험	반 성	
윌 버:	전 의 식	자 의 식	초 의 식
현 상:	주객합일	주객분리	주객합일
내 용:	주객미분	주객분화	주객통합
	미 분 화	의식분화	합 일
시간성:	전시간적	시 간 적	초시간적

신학적으로 보면, 요한복음에 나오는 예수와 니고데모의 대화 이야기가 이러한 논쟁에 시사점을 던져준다. 예수는 한밤중에 찾아와 예수의 표적을 칭송하는 니고데모라는 바리새인에게 거듭남에 대해

이야기한다. 그러자 니고데모는 어떻게 어머니 뱃속에 다시 들어갔다가 다시 태어날 수 있는가를 묻는다. 이에 예수는 물과 성령으로 거듭나야 한다고 대답한다. 니고데모의 사고방식으로는 '신생'(新生), 즉 '다시 태어남'의 의미가 어머니와 태아가 혼연일체를 이루고 있는 과거방향으로 회귀했다가 다시 돌아와야 한다는 유출-환원 구조에 있었다. 그래서 신생이란 불가능하다고 말했다. 그러나 예수에게는 신생(新生)은 낭만적 회귀와 환생이 아니라, 종교적 거듭남의 두 상징인 물과 영을 통해서 영원한 현재의 시간 속에서 다시 태어나는 구조이다. 다시 태어남이란 미래의 기대이지만, 그 사건은 특정한 물리적, 역사적 시간이 아니라, 그 사건이 일어나는 곳은 언제나 바로 지금 여기가 되는 그러한 시간 속의 태어남이다.

이러한 요한복음의 이야기를 『아트만 프로젝트』(*The Atman Project*)에서 심층심리학을 응용하여 윌버가 제시한 구도를 통해 이해해보자. 윌버는 의식이 하나의 단계에서 다른 단계로의 이행(진화와 퇴화)은 '에로스'와 '타나토스'라는 2개의 대쌍의 분리와 통합을 통해 이루어진다고 설명했다.[65]

에로스와 타나토스라는 개념은 프로이트의 개념을 빌려온 것으로, 에로스는 삶의 본능, 타나토스는 죽음의 본능을 의미한다. 여기서 타나토스는 하강퇴화를 향해가는 힘이고, 에로스는 상승진화를 향해가는 힘이다.

이 내용을 아래와 같이 필자가 다시 윌버의 8단계의 의식의 스펙

---

65 Ken Wilber, *The Atman Project: A Transpersonal View of Human Development* (Wheaton: Quest Books, 1980), 194.

트럼 발달단계에 적용해보았다.

이 그림을 통해 알 수 있는 것은 에로스와 타나토스의 추동이 각 단계마다 일어난다고 하는 점이다. 물론, 궁극적인 합일의식의 단계에 이르면 이 모든 삶과 죽음의 추동이 사라질 것이다.

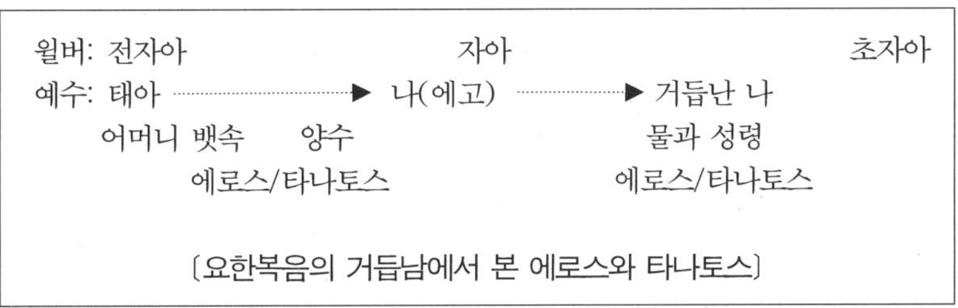

요한복음의 예수와 니고데모의 이야기는 거듭남이라고 하는 것은 미아의 세계로 퇴화, 퇴행을 통하여 돌아가는 것이 아니라, 옛 사람(옛 자아)의 죽음과 새 사람(새 자아)의 탄생을 통해 일어나는 사건이라는 점을 말해준다고 할 것이다.

지금까지의 논의는 니시다의 신생아적인 순수경험을 전초오류와 낭만적 회귀의 관점에서 비판하고, 이러한 관점을 넘어서는 방식으로 켄 윌버의 에로스와 타나토스, 의식발달론을 검토한 후, 이를 다시 신학적인 의미, 종교적인 의미에서 재구성해본 것이다.

VII. 통일성과 신: 통일성과 통전성

필자는 니시다의 사상의 근저를 이루고 있는 것이 바로 통일성이라는 관점을 취하고 있다. 그것이 순수경험이든, 자각이든, 절대무이든, 장소이든, 변증법적 일반자이든, 절대모순적 자기동일성이든 이 모든 것의 논의에는 통일성의 문제가 깔려 있다고 보는 것이다.

순수경험의 문제는 주체와 객체의 대립의 통일에 대한 것이었고, 자각의 문제는 직관과 반성의 대립의 통일에 대한 것이었다. 또한 절대무는 상대적 무와 상대적의 통일에 대한 것이었고, 절대무의 장소는 변화의 장소를 넘어선 거기서 생(生)해서 거기서 멸(滅)하는 생과 멸, 생과 사의 통일의 장소에 관한 것이었다고 할 수 있다.

특히, 『선의 연구』는 이 통일성의 문제를 종교적인 문제 또는 신(神)의 문제와 연관시켜 다루고 있다. 따라서 우리는 이것을 신학적 입장에서 매우 진지하게 연구할 필요가 있다. 다만, 이 글에서는 니시다의 『선의 연구』와 『철학개론』을 중심으로 이 문제에 접근해나가고자 한다. 아쉽게도 니시다의 모든 저서에 대한 연구와 전 생애에 걸친 사상적 발전을 통한 연구는 후속 연구를 통해 지속해나가고자 한다.

트랜스퍼스널하고 인티그럴한 종교영성가답게 니시다와 윌버 모두 〈통일성〉을 그 핵심 개념으로 삼고 있다. 니시다에게 있어서는 '통일성' 또는 '통일적 혹자'가 신(神)의 역할을 담지하고 있고, 윌버에게 있어서는 '통전'(Integration)이 신(神)의 역할을 수행하고 있다. 이제 니시다와 윌버의 통일성과 신의 문제에 대해 알아보고, 이를 통해 두 사상가의 철학이 갖고 있는 장점과 한계점에 대해 논해보도록 하자.

1. 통일성의 문제

교토대학 문학연구과 교수 케다 마사코(気多雅子)는 『선의 연구』의 종교철학적 의미를 〈일성〉(一性)이라고 하는 관점에서 찾고 있다.[1].

사실 일성이란 말은 니시다가 『선의 연구』에서 〈통일성〉이라는 단어로 표현했던 것으로, 이상하게도 그녀는 이것을 통일성이 아닌 '일성'(一性)이라고 표현하고 있다. 그녀가 그 이유에 대해 분명하게 밝히고 있지 않기 때문에, 그 의중을 알 수는 없지만, 통일성이라는 단어가 가지는 의미의 뉘앙스가 근대의 동일성 철학을 연상시키기 때문일 수도 있기에 이를 피하기 위한 것일 수도 있고, 반면으로 철학에서 존재론적으로는 '일자'(一者)라고 표현해 왔던 그것에 보다 가깝게 표현하기 위한 것이라고 생각할 수도 있다. 어쨌든 순수경험에 있어서 통일성은 순수라는 단어와 뗄레야 뗄 수 없는 근원적 관계를 가지

---

1 気多雅子, "西田における一性への志向: 善の研究の宗教哲学的意義", 『善の研究』刊行100周年記念國際シンポジウム發表論文(京都: 京都大學文學研究科, 2010. 12.18), 1.

고 있기에 이에 대한 연구가 필요하다는 것은 두 말할 나위도 없다. '순수선'과 '하나'의 일자성을 주장했던 고대 (신)플라토니즘이나 중세 신학에서도 볼 수 있듯이 말이다. 그것은 또한 개념적, 분석적 철학보다는 신과의 분리에서 신과의 합일을 주장했던 신비주의 영성이나 의식의 분열이 아닌 의식의 통일성을 강조하는 영성심리학자들에게는 다소의 흥밋거리를 제공해 줄 것이다.

니시다의 통일성(統一性) 개념이 어떠한 의미를 갖고 있는가 하는 것에 대해서 이해하기 위해서는 먼저 '순수경험'의 문제로부터 출발해야 한다. 니시다에 의해서 언명된 순수경험이란 크게 다음 세 가지로 압축해서 정리할 수 있다.

① 의심할 수 없는 직접 지식
② 직각적 경험의 사실(의식현상에 대한 지식)
③ 유일 실재(참 실재)

다시 말해, 〈순수경험 = 직접지 = 직각된 사실 = 유일 실재〉라고 말할 수 있을 것이다.

그런데, 필자가 주목하고 있으며 이 글이 추구하고 있는 것은 바로 순수경험에 대한 다음과 같은 언명이다.

① 경험이 직접적으로 순수한 까닭은 "구체적 경험의 엄밀한 통일"[2]에 있다.

---

2 西田幾多郎/竹田篤司外(編), 『西田幾多郎全集』제1권(東京: 岩波書店, 1978), 12.

② 그 통일은 "자기의 의식 상태를 바로 경험했을 때 아직 주체도 없고 객체도 없는 지식과 그 대상이 완전히 합일해 있는"[3] 형식으로 표현된다.

여기서 우리가 알 수 있는 것은 〈순수성〉, 〈통일성〉, 〈유일성〉, 〈단일성〉, 〈단순성〉, 〈합일성〉의 관계이다. 그녀는 니시다의 말을 통해 순수경험에서의 일성(一性)의 문제를 환기시키고 있는 것이다. 경험이 순수한 것은 통일성 때문이며, 그 통일성은 완전한 합일에 있다는 것이다. 그리고 그러한 실재야말로 단일하고 단순하며 유일한 실재다. 이것이야말로 고대로부터 현대에 이르기까지 '신'(神)이란 이름으로 표현되고 대표되었던 그 실재가 아니고 무엇인가?

그런데 순수경험이 주체도 객체도 없는 앎과 그 대상의 완전한 합일(合一)의 상태라면, 이것은 앞에서의 나카지마 유우타의 논문에서 다룬 바 있는 분트의 심리학에서의 '요소의 결합'을 말하는 것일까? 여기에서의 합일이란 주체와 객체가 '결합'하는 것 또는 '합체'하는 것일까? 그래서 새로운 것을 만들어내는 것일까? 필자는 그렇지 않다고 본다. 만일 그렇다고 한다면, 이것은 순수한 경험도 유일한 실재가 아니라는 논리상의 자체 모순이 발생하기 때문이다(그런데 경험이 실재일까? 현상이 실재일까? 순수경험이 실재일까? 의식현상이 실재일까? 이것은 지금의 이 주제와는 별개로 다루어야 하는 니시다 사상에 대한 또 다른 논쟁거리이다).

통일이란 무엇이며, 합일이란 무엇인가?

---

3 같은 책, 9.

또는 미분(未分)이라면, 주객미분의 원시인의 원초적 심리상태나 발달심리학에서의 태아의 원생적 심리상태로 회귀하는 것을 말하는 것일까? 이 점에 대해서는 이미 그렇다고 하는 것을 앞장에서 충분히 다루었다. 그러나 이 문제는 그렇게 간단하지는 않다. 앞에서 본 바와 같이, 니시다에게 순수경험이란 단지 원초적인 의식의 문제만이 아니라, 의식의 발전체계 전체가 또한 순수경험이라고 하는 언명이 있었기 때문이다.

통일성의 문제를 신의 문제로 다루는데 있어서, 이 물음은 중요하다. 왜냐하면, 순수경험의 유일 실재, 참 실재, 궁극적 실재의 종교적 체험을 반영하는 것이라면, 통일적 체험으로서의 순수경험은 일종의 신체험(神體驗)이라고 할 수 있다. 그렇다면, 순수경험에 있어서의 신체험은 원시적 실재, 미분적 실재에 다름 아닌 것이다. 그렇다면, 고대 그리스 사상의 밑바탕에 깔려 있는 원시범신론적 정신(Nous)과 다를 바 없기 때문이다.

제1기의 윌버 역시 니시다와 마찬가지로 모든 세계의 근원적 출발점으로서의 일자(一者)를 궁극적 실재로 보았다. 그러나 윌버는 이 통일적 실재를 단지 주객미분의 통일자로만 보지 않았다. 윌버는 이 궁극적 통일적 실재를 '미분'의 측면보다 '통일' 내지 '합일'적 존재에 더 큰 비중을 두고 파악했다. 이 상태는 모든 대립의 경계가 없는 무경계의 경지를 말하며, 또한 이 실재는 가장 궁극적인 대립의 통일, 대립의 합일의 존재이다.

그리고 제2기 이후 윌버는 주객미분의 실재를 플레로마적 실재, 우로보로스의 실재로 표현되기도 하는 원시적 실재로 보았다.[4] 이것은 물아일체의 혼융적 실재다. 신유학의 태극도설의 관점에서 보면,

이 원시적 실재는 태극의 움직임과도 같다고 볼 수 있다. 아직 구체적인 사물로 형상화되고 구체화되기 이전의 원시적 움직임이다. 플레로마적 실재는 음과 양이 아직 탄생되기도 이전의 원시적 실재이며, 우로보로스 실재는 뱀이 자기꼬리를 물고 빙빙 도는 것을 형상화한 것으로 음과 양이 막 태초의 모습으로 형상화되기 시작한 원초적인 형상의 태극의 실재와도 같은 것이다. 신유학에서도 태극이야말로 우주의 근원이다. 하지만, 전환된 윌버의 관점에서 볼 때, 니시다의 주객미분의 실재나 신유학의 주객미분의 태극은 우주의 시원이기는 하지만, 근저라고 할 수는 없다. 신유학의 태극도설도 플라톤, 니시다 등과 마찬가지로 U턴식 유출-환원운동구조의 존재의 대연쇄의 관점을 가지고 있기 때문이다. 윌버는 이러한 의식을 출발점에서는 원시의식, 종착점에서는 시원의식이라고 명명했다. 원시의식은 주객미분의 의식이며, 시원의식은 주객합일의 의식이다. 그 현상은 같으나 여기에는 전의식과 초의식의 차이가 있다. 원시의식과 시원의식은 두 대극의 끝점에 있는 대쌍이면서도 동전의 양면과도 같다. 이러한 구분 속에서의 신체험은 서로 구별된다. 같은 대양 위의 파도이지만, 원시의식에서의 주객미분의 실재의 체험은 원시범신론적인 신체험이며, 시원의식에서의 주객합일의 실재의 체험은 원시 범신론, 철학적 범신론5을 넘어선 일체무상(一體無相)의 초범신론적 신체험이라 할

---

4 이한영, 『앎과 영적 성장』 (서울, 문사철, 2013), 218-223.

5 필자는 범신론을 다음과 같이 구분한다. '원시 자연 범신론'은 자연물 자체 내지 자연물의 근저의식을 신으로 숭배하는 종교의식인 반면에, '철학적 범신론'은 스피노자의 범신론처럼 고도의 합리적 철학적 일원론에 바탕을 둔 범신론적 견해를 의미한다. 한편, '원시 자연 범신론'에서 철학으로의 초기 이행과정에서 나타난 범신론도 있다. 예를 들어, '원시 철학적 범신론'은 그리스 자연철학, 플라톤, 아리스토텔레스, 플로티노스 등 원시 자연

수 있는 것이다.

한편, 니시다의 자각, 절대무, 장소 등의 개념적 발전은 제2기 이후의 윌버의 관점과 점점 더 유사해져 간다고 볼 수 있다. 윌버는 원시의식과 시원의식이라는 양극점으로 갈라져 있는 이 대척점보다도 더 근원적인 바탕의식을 생각했다. 제1기에서는 우주의식이 곧 원시의식이며 동시에 시원의식이었다. 그것은 곧 출발점이며 동시에 종국점이었다. 그러나 제2기에 발달진화론적 관점을 취함으로써 주객미분의 원시의식과 주객합일의 시원의식은 서로 양극단의 끝점으로 갈라지고 말았다. 앞에서 본 것처럼, 윌버는 존재의 대연쇄 전통의 유출-환원식 유턴운동 구조와 발달진화론의 직선운동 구조를 원운동으로 결합했다는 사실을 발견했다. 이 원운동 속에서 세계는 퇴화나 퇴행이 없는 직선운동을 통해서도 결국 제자리로 돌아온다. 이 제자리가 원시의식과 시원의식의 바탕에 자리하고 있는 바탕의식(Ground Consciousness)이다. 이 바탕의식은 성리학의 우주론이 태극(太極)의 관점에서 무극(無極)의 관점에서 이야기한 것과 같은 맥락의 개념이라고도 볼 수 있다. 마치 그리스철학의 아페이론(Apeiron: 無限定者)이나, 음과 양의 미분화되고 비정형화된 태극(太極)보다도 더 근원적인 실재 말이다. 물론 성리학은 한 걸음 더 나아가 무극이 곧 태극이라고 말한다. 이는 윌버가 시원의식이 곧 바탕의식인 비이원의식이라고 말한 것과도 유사하다.[6]

범신론을 철학화한 범신론이라 할 수 있다. 신학에서는 신의 초월성(초자연성)과 내재성(자연성)을 함께 표현한 '범재신론'(panentheism)이란 개념도 있다. 그러나 시원의식에서는 모든 일체의 유상(有相: 자연, 주술, 신화, 이성의 표상들)의 범신론을 초월하고 있기 때문에 '초범신론'(trans-pantheism)이라고 표현해야 옳을 것이다.

아무튼 니시다에게 있어서 순수경험이 가리키는 실재의 주객미분의 차원은 윌버의 관점에서 보면, 전의식적인 원시적인 관점에 머무른 전초오류의 사고라고 판단할 수 있다. 니시다는 주객미분을 통일성으로 보았다. 그러나 이러한 종류의 통일성은 그 통일의 상태가 잠재태에 그치는 것이지, 현실태라고는 말할 수 없다. 우리가 빅뱅 이전의 우주를 우주라고 말할 수 없는 것과 같은 이치다. 그것은 씨앗이라고는 말할 수 있을지 몰라도, 열매라고는 말할 수 없는 것이다. 신(神)을 궁극적 실재라고 해석한다면, 이러한 원초의식으로서의 순수경험이 가리키는 실재로서의 신은 주객미분의 신(神), 원초적 의식으로서의 신(神)이라고 말할 수밖에 없다. 또한 그것은 플레로마적 신 또는 우로보로스적 신일 수밖에 없다. 이것이 궁극적 실재인가? 모든 것이 영이며 세계의 전개 과정이 영으로부터 영으로의 진화라는 관점을 가진 윌버의 시각에서 보면, 모든 단계의 실재가 곧 영, 즉 신이다. 그렇기에 원초적 신, 플레로마적 신도 신이다. 그것도 신의식이다. 그러나 플레로마적 신의식일 뿐이다. 그것은 원시의식 또는 태고의식으로 현현된 신의 의식현상일 뿐이다. 그것은 생물학적인 원(Proto)-생물의식일 뿐인 것이다. 이것이 원시적 통일성의 문제다. 윌버의 관점에서 보면, 니시다의 순수경험의 통일성은 원시적 통일성이며 원시적 실재에 대한 언명임에 다름 아닌 것이다.

그러나 앞에서 찾아낸 것처럼, 니시다의 순수경험의 이중성은 학자들에 의해 니시다의 오류, 오해, 한계라는 비판을 받은 부분이었지

---

6 Ken Wilber, *A Brief History of Everything* (Boston & London: Shambhala, 1996), 205-206.

만, 필자는 오히려 이 이중성이 니시다 사상을 윌버의 관점에서 바라보고 재해석할 수 있는 단초를 제공해줄 수 있을 것이라고 생각한다.

케다 마사코는 니시다 사상에 있어서 '통일성'의 문제가 얼마나 중요한 것인가에 대한 시사점을 제공해주고 있긴 하지만, 사실 이 문제에 대해서 본격적으로 다루지 않았다. 『선의 연구』의 순수경험의 문제를 통해 통일성의 문제를 제기했음에도 불구하고, 그녀는 순수경험의 원초성에 대한 논의는 물론, 의식의 발전체계에 있어서의 통일성의 문제를 다루지 않고, 이 문제를 건너뛰어 『선의 연구』 이후의 논문들 속에서 그 차이를 찾고 있다. 이제 그녀가 남긴 숙제를 다음에서 언급해보기로 하자.

2. 상태로서의 통일, 활동으로서의 통일

이미 앞에서 본 것처럼, 니시다의 순수경험은 이중성을 갖고 있었기에, 히라야마(平山 洋)는 이를 〈원초적 정신상태〉와 〈의식의 체계적 발전 전체〉라고 불렀는데, 이 글은 이러한 구분을 따라 고찰하기로 한다.7 그리고 통일성과 신의 문제를 다루는 이번 파트에서는 이 중에서도 원초적 의식으로서의 순수경험이 아니라, 의식의 발전체계 전체로서의 순수경험에 대해 주목하고 또한 이것을 윌버의 의식의 스펙트럼 내지 의식발달 구조 전체의 관점에서 다루어보고자 한다.

---

7 平山洋, 『西田哲學の再構築: その成立過程と比較思想』(1997), 82-115. 재인용. 日高 明, "純粋経験と意味," (2010. 12), 5.

〈원초적 정신상태〉와 〈의식체계 발전 전체〉의 차이는 무의미와 의미 세계의 차이이다. 그리고 그것을 가르는 기준은 통일과 불통일의 문제다. 근본적으로 순수경험의 본질은 통일성에 있다. 그러나 이 통일성이 깨짐으로 인해 의미의 세계가 출현한다. 이 의미의 세계의 전개가 바로 의식체계의 발전이다.

그것이 엄밀한 통일의 상태에 있을 그 때에는 언제나 순수경험이다. 즉 단지 사실이다. 이에 반해, 이 통일이 깨질 때, 즉 다른 것과의 관계에 들어갈 때에, 의미가 생겨나고 판단이 생겨나는 것이다. 우리들에게 직접적으로 다가오는 순수경험을 맞이한다는 것은 과거의 의식이 작용해 오는 것이기 때문에, 이것이 현재의식의 일부와 결합하고 일부와 충돌하면서 순수경험의 상태가 분석되고 파괴되는 것이다. 의미라든가 판단이라든가 하는 것은 이 불통일의 상태이다.[8]

달리 말해, 판단이란 순수경험으로부터 떠나서 순수경험을 분석하고 추상화하는 것 외에 다름 아니다. 순수경험이 통일적인 상태임에 비하여, 판단이란 불통일적인 상태인 것이다.

하지만 히다카의 말처럼, "순수경험이라는 말이 이해하기 어려운 것은 순수경험이 ① 사려분별 이전의 통일적인 의식의 상태라고 여겨지면서도, 또한 ② 순수경험의 불통일 상태로서 생겨난 판단이나 그 외의 의식 상태 모두를 안에 포함하여 발전하는 의식체계의 전체도 순수경험이라고 부르고 있는" 사실 때문이다.

---

8 西田幾多郎/小坂國繼(編),『善の研究』(東京: 講談社, 2006/2016), 43-44.

예를 들어, 초생아의 의식은 명암의 구별조차 확실히 없는 혼돈의 통일인데, 이 혼돈된 주객미분의 의식 상태로부터 다양한 종류의 의식 상태가 분화 발전해 오는 것이며, 이 의식의 체계적 발전의 전체가 순수경험이라고 말하고 있다.9 하지만 니시다는 이와 같이 완전히 다른 두 가지 종류의 순수경험을 특히 구별하고 있지 않다. 순수경험과 판단, 사실과 의미와의 구별의 기준이 되고 있었던 통일이나 불통일이라는 것도 결국 〈정도의 차이〉일뿐이라고 말하고 있기 때문이다.10

히다카는 이 문제를 해결하기 위해 통일의 의미를 두 가지로 나눈다. 즉 그는 니시다의 통일의 의미를 〈상태로서의 통일〉과 〈활동으로서의 통일〉로 구분한다. 이러한 구분에 따른다면 다카하시는 순수경험의 통일을 〈상태로서의 통일〉로 받아들였고, 그렇기 때문에 정도의 차이로 바라보는 '니시다의 통일' 개념을 받아들일 수 없었던 것이다. 이에 대하여 니시다는 그것을 〈활동으로서의 통일〉의 관점에서 보았던 것으로 여겨진다. 니시다는 응답 논문에서 자신이 "순수경험의 근원적 성질로 삼았던 통일은 단순히 정지적 통일이 아니라, 활동적 자각자전의 통일이다"라든가 순수경험은 "변화발전이 그 본질이므로 변화발전과 함께 그 자신에게 동일한 것"이라고 말하고 있다.11

이러한 언급은 윌버가 다음과 같이 '활동 중에 있는 영'(Spirit-in-Action) 또는 '창조 중에 있는 신'이라고 표현하고 있는 것과 부합하는 면이기도 하다.

---

9 西田幾多郎/安倍能成外(編), 『西田幾多郎全集』1 (東京: 岩波書店, 1947), 13.
10 西田幾多郎/小坂國繼(編), 『善の研究』 (東京: 講談社, 2006/2016), 45.
11 같은 책, 303.

이것은 셸링, 헤겔, 오로빈도 등 동·서양의 진화적 이론가들에 의해서 제시된 다양한 테마들에서 끌어낸 것입니다. 이 전문가들에 의하면, 요점은 진화는 활동-중의-영, 창조-중의-영에 관한 가장 최선의 생각입니다. 영은 그 자신을 발달의 모든 단계에 전개합니다. 그래서 이 모든 단계의 전개 과정에서 점점 더 자신을 현현하기도 하고 점점 더 자각해나가기도 합니다. … 영은 특별한 단계나 선호하는 이데올로기 또는 특별한 신이나 여신이 아니라, 오히려 영은 전개 그 자체의 전 과정입니다. 이 과정은 모든 무한한 단계에서 완전하게 현존하는 무한한 과정입니다. 그러나 이 과정은 모든 진화의 과정이 펼쳐짐에 따라 그 자신을 더욱 더 가용할 수 있게 되는 그러한 과정입니다.[12]

적어도 의식의 발달체계 전체, 활동으로서의 통일, 자각자전의 통일이라는 관점에서는 니시다와 윌버의 관점이 합치되는 듯하다. 니시다가 의식발전 체계 전체가 순수경험이라고 했듯이, 윌버는 영은 모든 전개 그 자체의 전 과정이라고 말하고 있다.

그럼에도 불구하고, 필자는 니시다의『선의 연구』에서의 의식의 발전체계에 있어서의 통일성에 대한 개념에 대해서 좀 더 치밀하게 살펴볼 필요가 있다고 생각한다. 니시다는 스스로 "『선의 연구』에서는 〈활동적 통일〉에 대한 의미가 충분히 논의되지 못했다"[13]고 자성한 바가 있다. 또한 그래서『자각 안에서의 직관과 반성』의 사유가 다카하시와의 논쟁을 통해서 자신의 이론을 더욱 성숙시켜나갔을 것이

---

12 Ken Wilber, *A Brief History of Everything* (Boston & London: Shambhala, 1996), 9.
13 西田幾多郎,『善の研究』, 303.

다. 그러나 그 자신의 말대로 아직은 이 논의는 불충분한 채로 남아 있었다. 니시다는 의미보다 사실에 강점을 두어 모순이 발생하는 반면에, 윌버는 애초부터 의식발달과정 전체에 강점을 두어 사상 자체 내의 모순이 발생하지 않는 것이다. 그러나 역발상을 하면,『선의 연구』나『자각에 있어서의 직관과 반성』에서 본격적으로 다루지 못한 이 문제가 오히려 케다 마사코의 말대로 "일성의 본질에 관한 사건이며 동시에 거기에는 일성이 새로운 상을 발견할 수 있는"14 계기가 될지도 모른다.

3. 의식발전 체계 전체로서의 통일: 활동하는 영

위 학자들의 구분에도 불구하고 의식발전 체계의 통일에 대한 니시다의 언급이 가지는 새로운 함의는 없는 것인가를 살펴보는 작업이 필요하다. 필자가 이 의식의 발전체계 전체로서의 통일에 관심을 기울이는 이유는 의식발전 체계가 윌버의 의식의 스펙트럼, AQAL 체계의 의식발달론의 발달단계의 영역과 일치하는 부분이기 때문이다. 우선 의식의 체계에 대한 니시다의 언급에 대해서 분석해보자.

의식의 체계라고 하는 것은 모든 유기물처럼, 통일적 혹자가 질서 있게 분화 발전하고, 그 전체를 실현하는 것이다. … 통일이 엄밀하든가 또는 다른 것으로부터 방해받지 않을 때에 이 작용은 무의식이지

---

14 氣多雅子,『西田幾多郎〈善の研究〉』(京都: 晃洋書房, 2011), 5.

만, 그렇지 않을 때에는 달리 표상되어 의식 위에 나타나서, 즉각 순수경험의 상태를 떠나게 되는 것이다. 즉 통일작용이 활동(작용)하고 있을 때에는 전체가 현실이며 순수경험이다.[15]

여기서 니시다는 의식체계란 통일적 혹자가 분화 발전하여 전체를 실현하는 것이라고 주장한다. 또한 그것은 통일작용이 엄밀한 상태인 무의식의 상태가 그 통일성이 깨짐으로 인해 의식으로 표상되어 나타난다고 주장한다(니시다는 이 과정을 윌버처럼 단계별로 상세하게 기술하고 있지 않다). 통일의 무의식의 세계가 불통일의 의식의 세계로, 순수경험의 세계가 의미와 판단의 세계로 분화 발전한다고 주장한 것이다. 순수경험은 세계발전의 시발점이다. 그런데 이러한 이분법적인 구분과 달리, 니시다는 그 다음 문장에서 통일작용이 활동하고 있을 때에는 전체가 현실이며 순수경험이라고 선언하고 있다. 이 글이 관심을 갖고 있는 바는 바로 이 문장이다.

그러나 이것을 말하기 전에 좀 더 의식체계의 발전과 통일에 문제에 대한 니시다의 주장을 들어보자.

의미라든가 판단이라든가 하는 것은 이 불통일의 상태이다. 그러나 이 통일, 불통일이라고 하는 것도 잘 생각해보면 필경 정도의 차이이며, 전연 통일시키는 의식도 없다면 전연 불통일인 의식도 없을 것이다. 모든 의식은 체계적 발전이다. 순간적 지식이어도 각종의 대립, 변화를 함축해 있는 것처럼, 의미라든가 판단이라든가 하는 것 같은

---

15 西田幾多郎, 『善の研究』, 39.

관계의 의식의 배후에는 이 관계를 성립시키는 통일적 의식이 있어
야만 한다.16

여기서 니시다는 통일과 차이가 정도의 차이라고 했다. 이 언급에
대한 학자들의 비판은 앞에서 이미 살펴본 바와 같다. 플라톤에게 있
어서 존재의 계층구조는 정도의 차이였다. 그것은 선성(善性) 또는 완
전성(完全性)의 정도의 차이다. 아우구스티누스에게 있어서도 존재
의 등급은 선성(善性) 또는 완전성(完全性)의 정도의 차이다. 그러나
이러한 주장에서는 현상계는 이데아의 결여이자 가상에 불과하며,
악은 실재하는 것이 아니라는 주장을 할 수 밖에 없다.
　그런데 놀랍게도, 니시다는 순수경험과 의미(판단)가 의식의 양면
을 나타내는 것이라고 주장한다. 이는 우리가 제1기 니시다의 사상을
너무 순수경험의 측면에서만 집착해서 본 것이 아닌가 하는 의구심을
갖게 한다.

한 걸음 더 나아가 생각해보면, 순수경험과 그 의미 또는 판단이란
의식의 양면을 나타내는 것이다. 즉 동일물의 보는 방식의 상위에 지
나지 않는다. 의식은 일면에 있어서는 통일성을 갖고 있음과 동시에
또한 일방에서는 분화 발전의 방면이어야 한다. … [과거현재미래 모
두 하나의 통일성 아래] 소위 분화 발전하는 존재는 커다란 통일의
작용이다.17

---

16 같은 책, 44.
17 같은 책, 44.

이로써 알 수 있는 것은 니시다가 말하는 정도의 차이가 플라톤이나 아우구스티누스가 말하는 등급적, 계급적 차이와는 의미가 다르다는 점이다. 오히려 니시다는 이 정도의 차이라는 말을 통해서, 순수경험과 판단의 세계가 근본적으로는 다르지 않다고 하는 의미를 부각시키는 언어적 장치로서 기능하고 있다. 이 점을 더욱 확실하게 굳혀주는 것은 순수경험과 판단이 의식의 양면이라고 하는 말이다. 그렇다면, 의식이 바탕에 있어야 한다. 그래서 우리는 이 언명을 의식이 근저에 있고, 그것이 완전한 통일의 상태로서는 순수경험, 그것이 활동적 통일의 상태로서는 의미판단이라는 말로 해석할 수가 있는 것이다. 이러한 『선의 연구』에서의 언급은 『자각에 있어서의 직관과 반성』의 자각, 직관, 반성의 관계를 떠올리게 한다. 그렇다면 이 세 가지 관계에 대한 생각의 단초는 적어도 〈선의 연구 시기〉에 이미 배태되어 있었다고 보는 것이 옳을 것이다. 그리고 후자는 이를 보다 선명하고 정확하게 표현하고자 한 노력으로 보아야 할 것이다. 좁은 의미에서는 순수경험과 의미판단이 서로 대립적인 것으로 보이지만, 넓은 의미에서는 이 양자가 모두 의식의 두 측면이라는 말이다. 또한 이것이 오히려 순수경험의 순수성에 대한 강조보다도, 의식현상이 유일 실재라고 하는 의미에 더 부합하는 사실일 것이다.

그러나 여전히 의문이 남는 것은 〈활동으로서의 통일〉 또는 〈의식의 체계적 발전으로서의 순수경험에서의 통일〉에 대해 앞에서 다룬 바와 같이, 통일성의 균열이나 순수성의 훼손으로 보지 않고 어떻게 논리를 전개할 수 있는가 또는 니시다가 이에 대해 어떻게 설명하고 있는가 하는 점이다.

이에 대해서는 히다카가 소개하고 있는 니시다의 『자각에 있어서의 직관과 반성』의 글들을 통해 생각해보자. 먼저 니시다의 〈반성〉의 개념을 설명하면서 '자기 안에서 자기를 비춘다' 또는 '자기 안에서 자기를 모사한다'는 말을 사용하고 있다.

'자기 안에 자기를 모사한다'는 것이 무슨 말일까? 히다카나 니시다가 설명하고 있지는 않지만, 〈직관과 반성〉은 하나의 통일을 이루는 대쌍이라고 볼 수 있다. 필자가 보기에 이것은 앞에서 논의한 〈상태로서의 통일〉과 〈활동으로서의 통일〉에 각각 해당한다. 다만, 그것은 히라야마나 히다카처럼 순수경험의 두 가지 측면이 아니라, 의식의 두 가지 양 측면이라고 해야 옳다. 또한 의식은 자각에 해당하는 말이라고 해야 할 것이다. 그렇다고 한다면, 〈활동으로서의 통일〉에 대해 〈의식의 체계적 발전〉에 대해 알아보려면, 이 중에서 〈반성〉에 대한 것을 규명하면 될 것이다. 그래서인지, 히다카는 〈자각〉에 대한 언급에 이어서 〈반성〉에 대해 논하고 있다. 즉 "자기 안에 자신을 모사한다"고 하는 "자각의 자기사상(自己寫像)적인 존재방식"에 대한 것이다. 즉 반성이라고 하는 것은 자기가 자기를 모사하는 것이다. 자기가 자기를 모사하는 것은 거리를 두고 자기를 대상화할 수 없는 것이다. 모사라고 하는 것은 로이스의 말대로 완전한 자기표현체계이다. 니시다가 자각을 단순히 "자기가 자기를 모사한다고 하지 않고, 〈자기 안에〉라는 문구를 집어넣은 것은 반성하는 자기와 반성되는 자기의 동일성을 나타내기 위해서였다."[18]

순수경험 시기에서의 니시다는 순수경험의 양측면으로서의 의식발전 체계에 대해 말하였고, 또한 그것을 순수경험이 아니라 의식의

---

18 日高 明, "純粹経験と意味," 9.

양측면으로 해석할 수 있는 여지를 남겼다(물론, 이것은 니시다 사상의 일관성의 결여, 불충분함, 모순이라고 비판할 수는 있다). 자각의 시기에서의 니시다는 자각의 동전의 양면으로서의 직관과 반성을 상정하여 이 문제를 풀어갔다. 그리고 반성의 분화 발전의 의미를 직관과의 내적 통일성에서 설명하기 위해서 자기 안에서의 자기를 모사하는 존재방식으로 서술하였다.

월버의 눈으로 보면, 의식발전 체계를 순수경험이라고 보는 니시다의 관점은 영에서 영으로의 진화의 과정 안에 있는 바다와 파도의 관계를 통해서 이해할 수 있다. 즉 의식발전 체계는 순수경험에서 순수경험으로의 진화다. 그렇기에 원초의식도 의식발전 체계도 모두 바다로서의 순수경험이라고 말할 수 있다. 그리고 의식발전 체계의 순수경험은 파도로서의 대립, 분리, 분할을 안고 있는 의미와 판단인 것이다. 의식은 전체의 분할인 것이다. 그러나 주의할 것은 니시다는 개개의 의식발전을 순수경험이라고 한 것이 아니라, 의식발전 체계 전체, 통일작용의 활동적 측면 전체가 순수경험이라고 보았던 것이다. 월버의 눈으로 보면, '자기 안에서 자기를 모사한다'는 니시다의 명제도 이러한 바다와 파도의 관계로 볼 수 있다. 분별의 눈으로 보면, 바다와 파도는 다르다. 즉 반성은 분별의 파도의 물결이다. '자기 안에서 자기를 모사한다'는 것은 파도가 바다 안에서 물결을 만드는 것과 마찬가지인 셈이다.

그렇기에 이 과정은 분해, 분열, 소멸의 과정이 아니라 자기발전의 과정으로 해석할 수 있는 것이다. 니시다는 다음과 같이 말한다.

순수경험에 대한 판단은 순수경험의 일부를 추상하는 것으로밖에 없다. 그것은 확실히 원경험을 변질시키는 것이 된다. … 순수경험은 처음의 원초적 감각으로부터 출발하여 그 의미를 잠식해가는 식으로 분화 발전하는 것이 아니라, 〈반성하는 것이 바로 자기발전의 작용이며 이렇게 하여 무한히 나아가는 것이다〉.[19]

보통은 분별지를 극복하는 비분별지, 의미를 극복하는 무의미, 개념적 사유를 초월은 초개념적 사유로의 순수개념만을 생각하기 쉽지만, 니시다의 이러한 언급은 분화하는 의식체계 자체가 무한한 자기발전에 다름 아닌 것이다. 그렇다면, 이 점에서 니시다의 사상은 윌버의 사상과의 접점을 가질 수 있다. 윌버의 의식의 스펙트럼, AQAL의 체계는 바로 이 무한자를 향한 자기발전의 과정에 다름 아니기 때문이다.

〈통일〉과 〈분화 발전〉은 상호대립하는 개념인가? 니시다는 이 문제를 풀기 위해『자각에 있어서의 직관과 반성』에서 고군분투했다. 그리고『작용하는 것에서 보는 것으로』에서 유와 무의 대립을 통일시키고자 했다. 그런데 윌버의 인티그럴한 관점에서 보면, 니시다가 비판자들로부터 받고 있는 물음은 하나로 통전된다. 켄 윌버의 관점에서 보면, 분화는 곧 다른 면에서는 통일이다. 각 발달단계는 통일의 연속이다.

『선의 연구』를 면밀히 들여다보면, 일부 비판자들의 문제제기와는 달리, 니시다가 이미 이러한 문제의식에 대한 자기 나름의 생각을 갖고 있었음을 보게 된다. 비판자들의 문제제기처럼, 이 문제는 ‘순수

---

19 西田幾多郎/安倍能成外(編),『西田幾多郎全集』2 (東京: 岩波書店, 1947), 15.

경험 자체'에 대한 논의에서는 명확한 생각이 제시되지 않는다. 그러나 니시다는 '실재란 무엇인가'에 대한 언급에서 이에 대한 자신의 생각을 보다 분명하게 제시하고 있다.

앞에서 언급한 의식발전 체계가 분화 발전한다고 하는 것은 참 실재가 분화 발전한다고 하는 말에 다름 아니다. 그런데 우리는 여기서 실재의 근본방식이 두 가지 방식에서 제기되고 있다는 사실에 주목할 필요가 있다. 즉 대립모순의 방식과 통일의 방식이다. 다시 말해, 실재는 모순으로부터 이루는 측면과 통일에 의해서 이루는 두 가지 방식을 취한다는 말이다. 니시다는 이것을 동일사건의 두 가지 방면이라고 생각했다. 또한 대립이 있어 통일이 있고 통일이 있어 불통일이 있으며 이를 통해서 실재가 무한을 향해 체계적으로 자기 자신을 전개해간다고도 했다.[20] 물론, 그럼에도 불구하고 보다 근원적인 것은 통일임에는 틀림이 없다.

니시다의 '정도의 차이'라는 언급도 다른 각도에서 바라보면, 이 의미를 새롭게 해석해볼 수도 있다. 윌버의 스펙트럼 구조(제1기), AQAL(제4, 5기)의 구조에서 보면, 의식과 존재의 각 발달단계는 정도의 차이이다. 그러나 그것은 플라톤이나 니시다처럼 위로부터 아래로의 계급적 결여의 과정으로서의 계층이 아니다. 그것은 역으로 아래로부터 위로의 중층적 채움의 과정으로서의 하이어라키 구조다. 이것은 윌버의 인티그럴 철학이 갖고 있는 '존재의 대겹둥지'(Great Nest of Being)의 성격 때문에 그렇다. 그리고 그것은 양적 결여가 아니라, 각 수준과 단계의 과정 속에서 이전 단계에는 없는 비약적인 새

---

20 西田幾多郎, 『善の研究』, 180.

로움의 출현으로 나타나는 하이어라키 구조다. 즉 각 수준 또는 각 단계의 차이는 양적인 정도의 차이가 아니라, 질적인 정도의 차이이다. 이에 대해서는 홀라키론의 중층적 성격을 다룰 때에 다시 언급하기로 한다.

4. 중합(重合)과 중층(重層): 홀라키(존재의 대겹둥지)

그러면 니시다 사상 안에서의 의식발전 체계 전체 또는 활동으로서의 통일을 포함하는 전체 실재의 체계적 의미를 윌버의 의식의 스펙트럼 구조나 홀라키 구조, 더 나아가 AQAL의 구조와 같이 생각할 수 있는 여지는 없는 것인가?

놀랍게도, 『작용하는 것에서 보는 것으로』에서, 니시다는 의식의 통일성에 대해 말할 때에 윌버의 홀라키 구조, 즉 존재의 대겹둥지 구조와 유사한 언급을 하고 있다.

비추는 것과 비추어지는 것이 하나(一)라고… 하는 것은 양자의 배후에서 양자를 결합하는 것이 아니다. 양자가 함께 내재적이므로 또한 동일한 장소에서 중합(重合)한다고 해야 한다. 마치 다양한 소리가 하나의 청각적 의식의 들판(野)에서 결합하고, 갖가지 소리가 자기 자신을 유지하면서도 하나의 음조를 이루는 것과 마찬가지다.[21]

---

21 西田幾多郎/安倍能成外(編),『西田幾多郎全集』4 (東京: 岩波書店, 1947), 256.『작용하는 것에서 보는 것으로』의 내용을 담고 있다.

결합이 아니라고 하는 것은 무엇인가? 결합이란 A와 B를 결합하여 A+B의 상태로 만드는 것이다. 그러나 니시다는 이미『선의 연구』에서 의식은 "모든 단일한 정신적 요소의 결합으로부터 이루어진 것이 아니라 하나의 체계를 이룬 것"이라고 말한 바 있다.[22] 비추는 것과 비추어지는 것이 함께 내재적이란 말은 무엇인가? 이것은 양자의 관계가 자기와 자기 외적인 관계, 즉 주체와 객체의 관계로 성립하는 것이 아니라, 자기 안에서의 내재적 관계를 이루고 있다는 말이다.

> 직접적으로는 일반과 특수는 무한히 중합하고 있으며, 이렇게 중합하는 장소가 의식이다.[23]

동일한 장소란 무엇인가? 그것은 직관과 반성, 유와 무, 생과 사가 함께 활동하는 장(場)이다. 그것은 절대무의 장소, 토포스(Topos)이다. 더욱 중요한 것은 '중첩'이라는 표현이다. 케다 마사코는 이것을 다음과 같이 설명한다.

> 동일한 장소에서 중합한다고 하는 것은 미분이나 융합이나 합일이라는 一性이 아니라, 상이한 그대로 하나인 一性을 표현하는 가장 적확한 표현이라고 생각된다.[24]

게타 마사코가 주장하는 내용을 필자의 방식으로 다시 정리하면

---

22 西田幾多郎,『善の研究』, 36.
23 西田幾多郎,『西田幾多郎全集』4, 73-74.
24 気多雅子, "西田における一性への志向,"「100주년기념논문」(2010), 3.

다음과 같다:

> 통일성은 단순한 합일이나 미분이 아니다. 통일성은 형상이 질료에
> 비추는 것이다. 그러나 통일성은 단지 비추는 것이 아니라 비추는 것
> 과 비추어지는 것이 내재적으로 중합하는 것이다. 그리고 그것은 일
> 반의 장소 위에 특수가 중합하는 것을 의미한다. 중합은 무한하다.
> 그리고 그 중합의 장소가 의식이다.[25]

그러므로 이를 통해 적어도 〈장소〉 개념에서의 통일성은 분트나
제임스의 요소의 결합도 아니며, 〈순수경험〉에서의 합일이나 주객미
분의 통일성과는 다르게, 주체와 객체가 사라지지 않고 차이성을 그
대로 간직한 채 중첩하는 관계가 되는 것이다. 그렇다면, 니시다의 사
상은 분명히『선의 연구』이후에 분명한 변화 내지 전환점을 가져온
것임에 틀림없다. 그것이 아니라면, 이전에 갖고 있던 선불교적인 사
상을 보다 적합하게 표현해내는 개념적 장치를 생각해낸 것이라고도
볼 수 있을 것이다. 그녀가 해설한 "미분이나 융합이나 합일이라는 일
성(一性)이 아니라, 상이한 그대로 하나인 일성(一性)"이라는 말은 동
일성과 차이를 넘어서 두 개념을 모두 포괄하는 개념으로 이해할 수
있지도 않을까 생각해본다.

---

25 그리고 이 중합은 바로 아리스토텔레스의 개념의 차용이자, 일본어 우츠스(映す)라는
　단어가 의미하는 〈비추다〉라는 개념에 의해서 더욱 더 잘 이해될 수 있는 것이 아닌가
　생각한다. 사실 이 단어는 〈비추다〉 이외에도 〈옮기다〉, 〈복사하다〉, 〈모사하다〉라는
　의미도 갖고 있다. 플라톤, 아리스토텔레스 철학을 칭하는 〈모사설〉과의 유사성은 단
　지 우연일까?

그녀는 이 일성에 대하여 니시다가『선의 연구』에서는 이와 같은 하나(一)의 본연의 모습에 대해 명확히 파악하고 있지 않았지만, 막연한 방식으로는 생각하고 있었을 것이라고 생각한다. 여기서 그녀가 이러한 중합(重合)의 일성 개념을 통해 보고 있는 또 다른 중요한 시사점은 바로 이 일성의 '다층성'이라는 측면이다. 그녀는 심지어 순수개념이 유일한 실재라고 말할 때에, 그 순수경험에는 이미 '상호모순하는 것의 중합이 성립하는 장소'라는 것이 함의되어 있었다고까지 해석한다.[26]

과연 그럴까 하는 것을 알려면, 좀 더 구체적인 연구가 필요할 것이지만, 어쨌든 이러한 〈중합〉의 〈다층성〉을 이루는 〈장소〉라는 생각이 시사해주는 바는 크다 할 것이다. 여기서 알 수 있는 것은 적어도 동일성 철학이 말하고 있는 절대정신과도 같은 일자(一者)의 흡수통일적인 동일성과는 다르다고 하는 점이다.

그렇다면, 통일에도 다층적인 차원이 존재하는 것이 아닌가? 이러한 필자의 생각에 부합되게 그녀는 육체의 통일, 정신의 통일, 지적인 통일, 가장 깊은 근저의 통일에 대해 이야기한다.[27] 다층성은 의식의 대립의 통일이 한 차원에서만 이루어지는 것이 아니라 다차원적으로 이루어지고 있다는 윌버의 홀라키 개념을 상기시켜 준다.

이제 이상의 내용을 윌버의 의식의 스펙트럼 구조와 홀라키 구조를 통해서 생각해보자.

---

26 気多雅子, "西田における一性への志向,"「100주년기념논문」(2010), 4.
27 같은 글, 5.

　윌버의 의식의 스펙트럼은 이미 살펴본 바와 같이 다음과 같은 구도를 갖고 있다.

페르조나/쉐도우(그림자)⊂ 에고/몸체 ⊂ 유기체/환경 ⊂ 정신=우주

　그러나 이러한 설명은 편의상의 도식일 뿐이지, 실제적인 내용은 아래의 두 그림과 같다.

페르조나/쉐도우(그림자) → 에고/몸체 → 유기체/환경 → 정신=우주

페르조나	=	페르조나		/	그림자				
에고	=	페르조나	+	그림자	+	자아	/	신체	
유기체	=	페르조나	+	그림자	+	신체	/	환경	
영	=	페르조나	+	그림자	+	신체	+	환경	= 우주

　'→' 부호는 하나의 단계에서 다음 단계로의 이행을 의미한다. 의식의 스펙트럼에서 그것은 하위단계에서 상위단계로의 통합과 초월과정이기도 하다. 그러나 이 도식은 상위단계로의 발달의 과정을 잘 보여주기는 하지만, 그것을 마치 사다리나 계단을 오르는 위치이동의 의미로 오해하기 쉽다.

　하지만 그 실제적인 의미는 바로 밑의 도식이 보여주는 바와 같이, 상위단계가 하위단계를 포함하고 있는 관계(⊂)라고 해야 한다. 즉 제1 계단의 위치에서 제2 계단으로 올라가는 것이 아니라, 제1 계단을 포함하여 그 위에 제2 계단을 세우는 꼴이다. 이것을 더욱 자세히 묘사하고 있는 것이 그 다음 도식이다. 이 도식을 보면, 에고의 단계는 페르조나 단계에서 에고의 단계로 이동하는 것이 아니다. 에고의 단계는 분열된 페르조나/쉐도우 단계의 대립을 통합하고 초월하여

에고/신체의 수준으로 분화해나가지만, 아래 단계의 페르조나와 그림자를 포함하고 있음을 알게 된다. 우주는 바로 아래 단계인 유기체-환경수준만을 포함하고 있는 것이 아니라, 페르조나-쉐도우 수준에서부터의 모든 과정 또는 단계를 다 포함하는 것이다.

제4기에 윌버는 홀라키도를 제시하여 이를 더욱 분명하게 제시한다. 그것이 바로 홀라키도이다. 홀라키도는 활동하는 영의 세계가 영으로부터 영으로 진화하는 과정을 보여줌과 동시에 그것이 아래로부터 위로 중층적으로 겹둥지의 모양으로 중합되면서 진행되는 과정임을 보여주고 있다. 다음 그림이다.

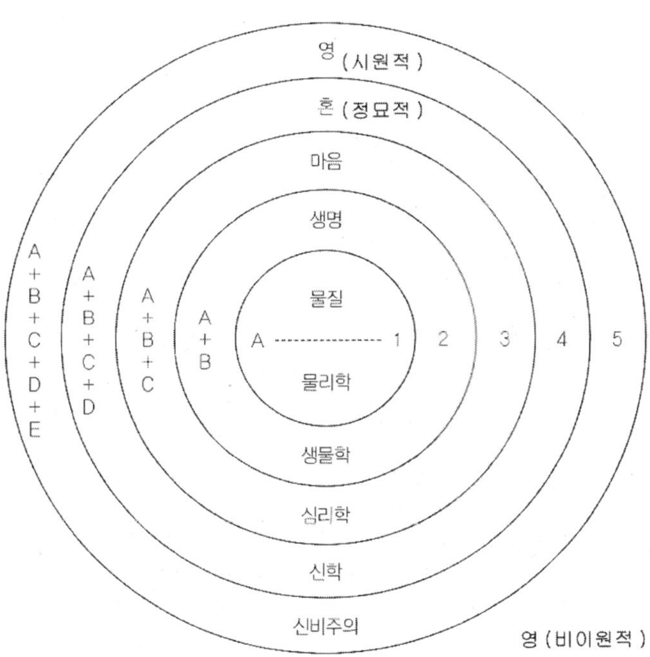

이것은 온 우주가 물질적 존재에서 생명의 존재로, 생명의 존재에서 마음의 존재로, 마음의 존재에서 이성의 존재로 변화해온 과정을 나타낸다. 이것은 니시다의 의식발전 체계에 해당한다. 그리고 주목할 것은 이 원들의 바깥에 (비이원적) 영의 표시가 자리 잡고 있는 모양이다. 이것은 이 원들의 바깥에 영이 존재한다는 것이 아니다. 물질에서 이성에 이르는 바탕의식으로서의 영을 의미하는 것이다.

또한 주목할 것은 이번 주제와 관련된 것이다. 이 원들은 하나의 원이 다른 원을 겹겹이 싸고 있는 겹둥지 모양을 하고 있다. 이것은 물질, 생명, 마음, 혼(이성), 영의 발달 및 존재관계를 표현하고 있는데, 앞에서 말한 바와 같이, 물질 → 생명 → 마음 → 혼 → 영의 단계로 위치이동을 한다는 말이 아니다. 왼쪽의 A, A+B, A+B+C, A+B+C+D, A+B+C+D+E는 존재의 발달구조 또는 하이어라키 구조가 물질에서 물질+생명의 존재로, 또 물질+생명의 존재에서 물질+생명+마음을 가진 존재로, 또 물질+생명+마음의 존재에서 물질+생명+마음+혼의 존재로 진행되어 왔음을 보여주는 것이다.

그래서 이러한 홀라키 구조 속에서 인간의 정의는 새롭게 규정될 수 있다. 유물론자들은 인간을 물질적 존재로 규정하고, 관념론자들은 인간을 이성적 존재로 규정할 것이다. 그러나 홀라키 구조에서의 인간은 물질적 존재이면서 생명의 존재이면서 마음의 존재이면서 이성의 존재이면서 영의 존재로 정의된다. 인간은 이 중 어느 하나에만 귀속될 수도 없으며 귀속되지도 않는다. 존재의 모든 층들이 인간을 규정하게 되는 것이다.

니시다에게는 이러한 발달 도식이 없다. 물질권 수준의 의식, 생물권 수준의 의식, 심리권 수준의 의식, 이성적 수준의 의식, 영적 의식이라는 발달과정이 없다. 다만, 직관과 반성의 통일에 있어서의 자각이라는 도식에서 보면, 영적 의식 수준이 직관에, 마음에서 이성의 수준이 반성의식의 수준에 해당될 수는 있을 것이다.

그러나 만일 니시다가 반성에 해당하는 의식발달 전체의 과정을 자세히 언급하지는 않았지만, 그것이 의식의 수준의 다양함의 중합을 의미한다면, 케다 마사코가 '다층성'이라는 개념을 통해서 새롭게 해석한[28] 그 의미를 되살려 생각해볼 수 있을 것이다.

5. 통일적 혹자와 신(神)

불교에 입각한 종교철학자 니시다는 신(神)에 대해 뭐라고 말할까? 이제부터 우리는 이것을 통일성의 문제를 통해서 고찰해보자. 〈순수경험〉에 있어서 통일성의 문제는 대단히 중요하다. 주객미분의 통일성과 의지의 목적으로서의 통일성이 그것이다. 〈자각〉에 있어서의 통일성의 문제도 중요하다. 순수경험이 주객미분의 경험이라면, 자각은 직관과 반성, 사유와 존재의 통일이 중요하다. 그러나 니시다에게 있어서의 신의 문제는 공(空)에 입각한 『자각』보다는 이 문제를 진지하게 다루고 있는 『선의 연구』를 통해서 집중적으로 다뤄지고 있다. 따라서 이 글은 이에 입각해서 이 문제를 다루고자 한다.

이노우에 카츠히토(井上克人)는 순수경험을 ① 현재의식 ② 직접성: 구체적 의식으로서의 무의식 ③ 차별상의 내재 ④ 주의적 성격:

---

28 気多雅子, "西田における一性への志向," 「100주년기념논문」(2010), 4.

동적시간적인 무한의 발전(의지의 통일력) ⑤ 초개인적, 객관적 성격 등 다섯 가지로 정리해서 설명하고 있는데,29 이를 통해서도 알 수 있듯이 '통일성'은 니시다의 순수경험에 있어서 대단히 중요한 개념임을 알 수 있다.

그러나 니시다에게 있어서 통일성 또는 통일력은 순수경험의 다섯 가지 성격 중 하나가 아니라, 오히려 '순수경험'보다도, 더 나아가 '자각'보다도 더 근원적인 의미를 지칭하는 언어일수 있다. 이번 장 앞 "3절 의식발전 체계 전체로서의 통일: 활동하는 영"에서 본 것처럼, 니시다에 의하면, 모순과 통일은 실재의 두 가지 방면이다. 그럼에도 불구하고 보다 근원적인 것은 통일이다.

니시다는『선의 연구』에서 이 통일력을 가진 실재를 '통일적 혹자(或者)'라고 불렀다. 그러나 하나의 명칭으로 사용한 것이 아니라, '혹무의식적 통일력'(或無意識的統一力), '혹(或)통일자', '잠재적 혹자', '잠재적 통일자', '잠재력', '잠재적 일자', '불변적 혹자' 등으로 불렀다. 이는 개개의 경험의 배후에 있는 보편적 의식 내지 통일력을 의미하는 것이다. 코오사카는 이 통일적 혹자가『자각에 있어서의 직관과 반성』(1917)에서는 "자각"(自覺)이라는 용어로 통일되었다고 주해한다.30

이 통일적 혹자는 니시다의 사상의 변천과정 속에서 이름을 달리하고 개념을 달리하고 있을 뿐, 니시다의 사상 안에서는 바탕의식으로서 매우 중요한 역할을 수행하고 있음을 알 수 있다. 필자는 이 통일성(통일력) 위에서 순수경험, 자각, 절대무, 장소, 일반자 등의 개념이

---

29 井上克人, "『善の研究』という書物: 著者・西田幾多郎の位相,"『善の研究』刊行100
　　周年記念國際シンポジウム發表論文(京都:京都大學文學研究科, 2010. 12.18), 5-7.
30 西田幾多郎/小坂國繼(編),『善の研究』(東京: 講談社, 2006/2016), 41. 주해 1) 참조.

이해되어야 한다고 생각한다.

필자는 이들 개념들을 관통하고 있는 중추적인 개념이 바로 통일성인 것이며, 그것을 실재자로 표현한 것이 바로 '통일적 혹자'라고 판단한다. 니시다의 철학 안에서는 순수경험을 이루는 것도, 주관과 객관의 대립을 지양하는 것도, 무의 장소도, 절대모순적 자기동일성도, 변증법적 일반자도 모두 이 '통일성'이라고 하는 개념으로 설명될 수 있다고 보는 것이다.

이 통일성을 존재자의 의미로 사용한 것이 통일적 혹자라는 개념이라 할 수 있다. 혹자(或者)라는 표현은 어떠한 이름 또는 무엇으로 지칭할 수 없는 존재자라는 의미에서 붙여진 이름이라고 추정할 수 있다. 그러면 통일적 혹자와 관련된 니시다의 주장은 어떠했는가?

니시다는 참 실재의 근본방식에 대해 논하면서, "모든 실재의 배후에는 통일적 혹자가 활동한다"[31]고 했으며, 또한 "의식의 근저에는 시간의 밖에 초월하는 불변적 혹자가 있다고 말해야 한다"고 주장했다.[32] 코오사카 쿠니츠구는 이와 비슷한 주장에 대해 "개개의 순수경험의 배후에 보편적인 통일력의 작용을 생각하는 것이 니시다의 순수경험설의 큰 특징"이라고 주해하였는데,[33] 이는 통일성이 니시다 사상에 얼마나 중요한 개념인가 하는 것을 시사해주는 발언이라 할 것이다.

그러면 때로는 순수경험이나 자각과 동일한 것으로 생각되기도 하고 더 근원적인 것으로 생각되기도 하는 이 통일적 혹자란 무엇인가?

그것은 의식의 자기발전이며 전체를 실현하는 주체이다.

---

31 같은 책, 172.
32 같은 책, 183.
33 같은 책, 53.

의식의 체계라고 하는 것은 모든 유기물처럼, 통일적 혹자가 질서적
으로 분화 발전하고, 그 전체를 실현하는 것이다.[34]

또한 통일적 혹자는 사유와 존재의 근저에 있는 정신현상과 물체
현상의 힘이다.

이 통일적 혹자가 물체현상에서는 이것을 외계에 존재하는 물력(物
力)이 되고, 정신현상에서는 이것을 의식의 통일력에 귀(歸)하는 것
인데, 앞에서 말한 것처럼, 물체현상과 정신현상은 순수경험상에 있
어서는 동일하기 때문에, 이 2종의 통일작용은 원래 동일종에 속해
야 하는 것이다. 우리들의 사유의지의 근저에 있어서의 통일력과 우
주현상의 근저에 있어서의 통일력이란 이미 동일하다.[35]

코오사카 쿠니츠구는 이 통일력이 실체나 존재가 아니라 활동력
내지 작용이라고 해석하고 있다. 그리고 이것을 피히테의 사행 개념
이나 니시다의 "유즉활동"(有即活動) 개념과 연관시키고 있다.[36] 그러
나 순수경험을 통일적 혹자와 개념적으로 일치시키고 있는 니시다가
과연 그러한 생각에까지 이르렀는지는 의문이다. 적어도『자각에 있
어서의 직관과 반성』시기에 이르러야 하지 않을까 싶다.
마지막으로 니시다는 이 통일적 혹자를 신 개념으로 대치한다.

---

34 같은 책, 39.
35 같은 책, 173.
36 같은 책, 179-180.

통일적 혹자의 자기발전이라고 하는 것은 우리들의 의식현상과 그
통일과의 관계이다. … 이와 같이 신은 우주의 통일자이며 우주는 신
의 표현이다. 이 비교는 단지 비유가 아니라 사실이다. 신은 우리들
의 의식의 최대최종의 통일자이다. 아니, 우리들의 의식은 신의 의식
의 일부이며, 그 통일은 신의 통일로부터 오는 것이다. 작게는 우리
들의 일희일비로부터 크게는 일월성신의 운행에 이르기까지 모두 이
통일에 의하지 않는 것은 없다.[37]

그러면 도대체 왜 세계는 그 좋은 순수경험에 상태에 머물지 않고
분화 발전하는가?

니시다는 그 이유에 대해서는 설명하고 있지 않다. 다만, 그는 이
것을 의지의 문제로 설명하고 있다.

의지가 의식의 근본적 형식이라면, 주의설(主意說)이 말하는 바와
같이, 의식발전의 형식은 넓은 의미에서는 의지발전의 형식이며, 그
통일적 경향이란 의지의 목적이라고 해야 한다. 순수경험이란 의지
의 요구와 실현과의 사이에 작은 간극도 없는 가장 자유롭고도 활발
한 상태이다. 순심리적으로 보면, 의지는 내면에 있어서의 의식의 통
각작용이다. … 이 통일작용의 정점이 의지이다. … 그래서 의지는
주객의 통일이다. 의지가 언제나 현재인 것도 이것 때문이다
(Schopenhauer, *Die Welt als Wille und Vorstellung*, §54).[38]

---

37 같은 책, 407-408
38 같은 책, 39-40.

　여기서 니시다는 의지가 의식의 근본적 형식이라고 말한다. 그리고 의식발전의 형식이 곧 의지발전의 형식이라고 말한다. 이것이 무슨 의미인가? 의식의 근본바탕은 의지이며, 의지의 발현이 곧 의식발전이라고 말하고 있는 것이 아닌가?『선의 연구』에서의 이러한 니시다의 언급은『자각에 있어서의 직관과 반성』의 궁극점이 절대의지의 신비로 빠져들었다는 점을 떠올리게 한다. 니시다는 애초부터 지성보다는 의지에 방점이 찍혀 있었던 것이다.

　순수경험이 의지의 요구와 실현사이에 조금의 간극도 없는 활동상태라고 하는 말은 무엇인가? 그것은 순수경험이란 의지와 행위 사이에 어떤 분리분열이 없는 일치의 상태를 말하는 것이 아닌가? 이는 "이성적인 것이 실천적인 것이고, 실천적인 것이 이성적이다"라는 헤겔의 명제를 떠올리게 한다. 이것을 니시다 식으로 바꾸어 말하면, '의지가 곧 행위'인 것이다. 또한 "일즉다"(一卽多)의 화엄의 논리와도 유사하다. 이를 니시다 식으로 바꾸어 표현하면, '의지 즉 행위'인 것이다.

　통각작용이란 칸트의 용어를 빌린 것으로 추정된다. 칸트에게 통각작용이란 다양한 감각이나 경험을 통일하는 작용이다. 어떻게 의지가 정지상태에 있지 않고 발현하고 활동하는 가에 대한 니시다의 생각은 의지의 본성이 바로 이 통각작용에 있다고 보았던 것으로 보인다. 그리고 니시다는 이것을 순수경험의 핵심과제인 주객의 통일이라는 관점으로 해석한 것이다. 그러나 칸트에게 통각이란 의지의 작용이 아니다. 칸트에게 통각이란 오성(悟性, understand)의 작용이다. 이 부분에서 니시다는 칸트가 아니라, 쇼펜하우어에게 의존하고 있다. 니시다에게는 이성보다는 의지가 우선인 것이다. 통일작용의 정점을 의지라고 한 것은 니시다가 인용하고 있듯이 쇼펜하우어의

"의지와 표상으로서의 세계"에서의 의지를 말하는 것이다.

의지란 무엇인가? 그것은 이 세계가 도대체 왜 분화 발전하느냐 하는 철학자들의 오래 된 물음이다. 그것은 사물들의 충동이나 성향이라고 말해지기도 하고, 그것은 신(神)의 의지라고도 말해지기도 하고, 선의지(善意志)라고도 말해지기도 했다.[39] 쇼펜하우어에게 그것은 "생(生)에의 의지"였다.[40] 즉 살려는 의지다. 모든 사물은 다 살려는 의지를 갖고 있는 것이다. 생물학자들은 그것을 '종족보존의 욕구'라고 말한다. 리차드 도킨스는 그것을 유전자의 "이기성"이라고 했으며, 그 실체를 "불멸의 유전자" 또는 "불멸의 코일"라고 부르길 원했다.[41] 프로이트는 그것을 성(性)의 의미에서 "리비도"(Libido)라고 불렀다. 충동이나 성향에 비해서 의지는 보다 목적지향적이다.

그렇다면 그 의지의 목적은 무엇인가? 신은 자신의 영광을 위해서 세상을 창조했다는 식의 통상적인 기독교 신앙의 대답은 피조물들의 입장에서는 자신의 신성 유희를 위한 너무나도 이기적인 욕망에 지나지 않는다. 반기독교 운동가이자 분자생물학자인 리차드 도킨스는 이것을 우주적인 차원에서는 이야기하지 않는다. 다만 생물학적인 측면, 진화론적인 측면에서, 모든 생물은 자기유전자를 복제하고자 하는 이기적 욕망을 갖고 있다고 주장했다.[42] 이러한 주장은 종족보존의 욕구를 유전자의 단위에서 설명한 것이라고 보면 이해하기 쉽

---

39 칸트의 『윤리 형이상학의 정초』의 가장 중요한 핵심개념이다. 『실천이성비판』에서의 선의지(Good Will)는 최고선(最高善) 개념을 매개로 하고 있다. 이마누엘 칸트/신옥희 역저, 『이성의 한계 내에서의 종교』 (서울: 이화여자대학교출판부, 2001), 244.
40 쇼펜하우어의 『의지와 표상으로서의 세계』의 관점이다.
41 리처드 도킨스/홍영남 옮김, 『이기적 유전자』 (서울: 을유문화사, 1993/2006), 8; 72.
42 같은 책, 42-55.

다. 이러한 도킨스의 주장을 쇼펜하우어의 표현을 덧대서 표현하면, 살려는 충동, 살려는 욕망, 살려는 의지는 이기적인 자기유전자의 복제욕구이며 영원히 살려고 하는 불멸의 의지인 것이다.

그러나 이러한 식의 설명도 도대체 왜 세계가 존재하며 왜 세계는 분화 발전하는가에 대한 궁극적인 물음에 대한 대답은 되지 못한다. 단지 생물학적인 차원, 유전자적인 차원에서 그러한 욕구가 있다는 주장에 그치고 만다. 철학적인 물음에 되려면, 좀 더 깊은 차원으로 들어가야 한다.

즉 순수경험의 이상적인 통일의 상태에서 도대체 왜 분화 발전하며 도대체 왜 다시 통일의 상태로 자기발전을 해야 하는가 말이다. 니시다에게 그것은 통일의 목적, 자기실현의 목적인데, 그는 단지 그런 목적을 갖고 있다는 것 외에는, 왜 그런 목적을 갖고 있는가에 대해서는 말하고 있지 않다. 도대체 왜 통일해야만 하는가? 왜 궁극의 무한의 통일을 향해 나아가야만 하는가? 이것은 니시다의 사상에서도 윌버의 사상에서도 그럴싸한 질의응답을 찾아보기가 어렵다. 다만, 우리는 위와 같은 궁극적인 물음에 대한 궁금증을 뒤로 한 채, 세계의 성질이 대립과 분리의 상태에 있으므로 주객통일을 통일상태를 향해 돌아가야 한다는 또는 나아가야 한다는 당위성에서부터 출발할 수밖에 없다.

그런데 니시다는 의지의 목적인 이 통일성이란 개념도 자연현상의 근저에 있어서의 통일력과 의식의 통일력, 두 가지로 나누어 구분한다. 케다 마사코는 이것을 다음과 같이 해설하고 있다.[43] 객관적 실재로서의 자연은 구체적 실재로서의 자연에서 주관적 활동의 면을 제거

---

43 氣多雅子, 『西田幾多郎 〈善の研究〉』(京都: 晃洋書房, 2011), 42-44.

한 추상적 개념이며, 이는 시공간의 자연현상을 다루는 자연과학자의 영역이다. 이 객관적 실재로서의 자연은 피통일자이지만, 구체적 실재로서의 자연은 통일작용을 갖고 있으며 객관적 통일력의 배후에 잠재해 있다. 이 객관적 통일력은 의식의 통일작용이며, 자연현상은 이 통일작용에서 보면 주관적 통일에 의해 성립하는 자기의 의식현상이다. 이에 비해 정신은 실재의 통일작용이 통일당하는 것으로부터 구별되어 독립적인 실재의 모양으로 나타난 추상적 개념이다. 정신은 실재의 모순충돌에 의해 나타나는데, 정신이란 실재의 통일작용이기 때문에 모든 실재에는 정신이 있다. 요컨대, 자연과 정신은 다른 실재가 아니라 통일적 혹자가 발현하는 두 가지 존재방식인 것이다. 또한 "보는 방식의 차이에 의해서 일어난 구별"[44]이기도 하다.

니시다가 실재의 문제를 신(神)의 문제로 보고 있는 것은 이 자연과 정신의 통일과 관련된 것이다. 완전한 참 정신이란 자연과 합일된 정신이며, 우주에는 이러한 단 하나의 실재만이 존재한다. 유일 실재는 한편으로는 무한의 대립충돌이면서 다른 한편으로는 무한의 통일, 즉 독립자전하는 무한의 활동이다. 이 무한한 활동의 근본을 신이라고 부르는 것이다. 실재의 근저가 신이다. 주관과 객관의 구별을 몰(沒)하고 정신과 자연을 합일한 존재가 신이다.[45] 이는 주객미분, 주객합일을 추구했던 순수경험의 이상과도 일치한다.

이러한 실재로서의 니시다의 신(神)은 전통적인 기독교의 초월신과는 사뭇 다르다. 니시다의 신은 철학적 신이다. 그러나 종교의 문제

---

44 西田幾多郎, 『善の研究』, 228.
45 같은 책, 228.

와 관련되어 있기에, 니시다의 신은 종교철학적인 신이다. 니시다는 물리적인 물체가 유일한 실재라고 하는 유물론적 개념을 배척하지만, 우주밖에 있으면서 우주를 지배하는 초월적 존재로서의 신도 매우 유치한 신으로 치부한다. 그리고 니시다는 실재의 근저에 있는 정신적 원리가 신이며, 신은 우주의 큰 정신이라고 주장한다.[46] 세계는 우주적 의식이며 통일력인 신의 의지의 발로인 셈이다.

월버의 사상에서는 니시다의 통일성과 마찬가지로 통전성(Integration)이 매우 중요한 핵심개념이다. 월버의 사상이 곧 통전사상이라고 해도 과언이 아닐 것이다. 그러나 월버는 니시다처럼 통일성 자체를 신이라고 보는 시각은 없다. 또한 신이라고 하는 개념은 월버의 의식의 스펙트럼의 각 수준이나 의식발달론의 각 단계마다 달리 존재한다. 그리고 궁극의식의 단계에서는 이마저도 초월한다. 니시다는 신을 순수경험, 통일적 혹자의 수준에서도 여전히 유효하게 사용하고 있으나, 월버에게는 반드시 그러한 것은 아니다.

월버는 자신의 의식발달론에 근거하여 구체적으로 각 단계에 맞추어 신들의 계보를 정리해서 제시한 적은 없으나, 대신에 필자가 이에 근거하여 제시한 적은 있다.[47] 월버에게 있어서는 통일작용이 매 단계마다 존재한다. 이를 토대로 간단히 정리한 도표는 다음과 같다.[48]

이 방대한 내용을 다시 언급할 필요도 없고, 다 설명할 길도 없지만, 요지는 다음과 같다. 원시적 수준에서의 신은 주로 자연신의 형상

---

46 같은 책, 229.
47 상세한 내용은 이한영, "켄 월버의 의식진화론적 통전사상 연구," (2008), 219-255를
　참조할 것.
48 같은 글, 222.

넓이 (표층의식)	전의식(무의식)		자의식(에고의식)		
	전자아, 전언어, 전개념		자아, 언어, 개념		
	원시적 신의식	마술적 신의식	신화적 신의식	이성적 신의식	다원적 신의식
	동일성 신학, 차이의 신학				
깊이 (심층의식)	초의식				
	초자아, 초언어, 초개념				
	심혼적 신의식		정묘적 신의식	시원적 신의식	비이원적 신의식
	통전신학				

을 갖고 있다. 나무, 숲, 강, 돌, 달, 해, 바람, 번개 등이 신이다. 이러한 신은 자연의 거대한 힘을 형상화하고 있는 신이며, 인간은 여기에서 종교적 외경감을 갖는다. 마술적 수준에서의 신은 주로 정령, 신령, 요정, 조상의 영 등의 신의 모습을 갖고 있다. 이러한 신은 주술, 마술, 기도, 부적 등을 통해 축복과 저주를 내리는 신이다. 신화적 수준에서의 신은 고대 농경사회를 기반으로 한 고대국가와 강한 가부장적 율법 사회의 등장이라는 역사적, 문화적 배경을 갖고 있다. 이러한 신은 주로 인격신의 모습을 하고 있으며, 하늘신, 아버지 신의 모습을 하고 있다. 이성적 수준에서의 신은 인격성을 넘어 추상성으로 초월한 신이다. 무한, 절대, 완전, 선 등으로 무장된 철학적 신 또는 이성적 신이다. 초의식 영역의 신도 네 가지 단계로 분류되나, 이 글에서는 간단하게 두 가지로 설명하도록 하겠다. 하나는 정묘신비주의의 신 또는 유형상 신비주의의 신으로 이것은 신화적 단계의 신이 초의식 단계로 진입한 신의 형상을 말한다. 플라톤의 이데아, 융의 원형 등 형상 중의 형상을 의미하는 신이 그것이다(월버는 초의식 영역의 신을 화신, 보신, 법신으로 구분해서 설명하기도 한다). 그러나 이러한 신은 유(有)의 극

치이며, 최고의 순수형상이지만, 여전히 형상의 잔흔이 남아 있다. 그래서 시원영역의 신은 일체의 형상을 벗어버린 신이다. 동양의 공(空)과 무(無), 중세 신비주의자의 무(無), 기독교 신비주의자 에크하르트의 '벌거벗은 하나님'(Naked God)이 여기에 해당한다고 할 수 있다. 이것은 신학에서 신(God)이 아닌 신성(Godhead) 또는 하나님 위의 하나님(God Beyond God)이라고 불리는 그 수준의 신이다. 사실 신이라는 이름조차도 벗어버려야 하는 단계이며 수준인 것이다.

다음에 언급될 내용은 이와 관련된 것이다.

6. 무(無)와 공(空)으로의 통일의 신학

순수경험에서 시작한 논의, 심리학에서 시작한 논의는 이제 형이상학의 문제를 넘어 종교의 문제, 신의 문제로 귀착하였다. 그리고 이제 이것은 참 실재, 유일 실재, 궁극적 실재에 대한 가장 궁극적인 표현에 대해 논해야 할 시점에 이르렀다. 니시다의 종교철학은 통일의 철학이다. 그것은 순수경험의 통일이자 순수경험으로의 통일, 자각의 통일이자 자각으로의 통일, 절대무의 통일이자 절대무로의 통일, 장소의 통일이자 장소로의 통일, 행위적 직관의 통일이자 행위적 직관으로의 통일이었다고 압축적으로 정리할 수 있을 것이다.

비분별지, 주객미분, 즉의 사유, 계사의 논리, 절대무, 절대모순적 자기동일성 등의 개념은 모두 이러한 통일성의 다른 이름이라고 해도 무방할 것이다. 그리고 그것은 결국 근원적 근저로서의 무(無)로의 통일이라고도 할 수 있을 것이다. 그러면 이러한 무(無)로의 환원이

주는 의미와 한계는 무엇인가?

화엄불교의 '즉'(卽)의 사유의 반영이라고 보는 니시다의 '사유 즉 존재'의 논리는 서양 철학의 눈으로 보면, '이성적인 것이 실천적이요, 실천적인 것이 이성적'이라는 헤겔의 명제를 떠올리게 한다.

중관불교의 '공'(空) 사상의 니시다식의 개념인 '절대무'는 서양 철학의 눈으로 보면, 헤겔의 '절대정신'(Geist)을 떠올리게 한다. 그리고 상대유와 상대무를 통일한 니시다의 절대무는 상대적 유한과 상대적 무한의 대립구도에서의 무한을 악무한으로 규정하고 이에 대해 진무한을 주장했던 헤겔의 사고를 떠올리게 한다.

'절대무'(絶代無)는 불교의 공(空) 사상에 대한 니시다 식의 서양 철학적인 현대적 표현이라고 생각한다. 또한 그것은 헤겔의 절대정신이 갖고 있는 유(有) 중심적 사고에 대한 동양적 반동의 표현이며, 동양적 응답의 표현이라고 생각한다. 그리고 그것은 주체도 객체도 없는 근저(장소)에 대한 불교적 사유방식이라고 생각한다. '절대무'에 있어서 '절대'는 플라톤, 아리스토텔레스 이래의 서양 철학의 전통에서의 실체적 절대, 유의 극한으로서의 절대가 아니라, 헤겔식으로 말하면, 악무한이 아닌 진무한으로서의 절대를 의미한다. 유(有)에 상대적인 개념으로서의 무(無)가 아니라, 유(有)를 자기 내에 포함하는 의미에서의 무(無)를 말한다. 니시다는 이 개념을 도입함으로써 유와 무의 대립관계에 대한 난제를 풀었다고 자신했다.

절대무는 서양 철학의 개념으로는 궁극적 실재(Ultimate Reality)를 지칭하는 말이다. 주로 동양에서는 이러한 실재를 무(無), 공(空), 허(虛), 도(道) 등 부정적 방식을 통해서 표현하였다. 물론 서양신비주의도 이러한 부정적 방식(Via Negativa)을 사용하였으며, 니시다가 에크하르트 등 이러한 신비주의에 친밀감을 표시한 바도 있다.[49] 하지만 서양 철학은 최상선, 최고선, 절대 등 긍정적 방식(via positiva)을 사용했다. 서양 철학이 유(有)를 극대화한 철학이라면, 동양 철학은 무(無)를 극대한 철학이다. 니시다에게 영향을 미친 선(善)은 플라톤, 칸트의 최고의 유(有)개념이자 유(類)개념이다. 니시다에게 큰 영향을 준 절대정신은 서양 근대 관념철학의 최고봉이며, 최고의 유(有)개념이자 유(類)개념이다. 니시다는 이러한 서양 철학의 개념을 적극 활용하면서도 그것을 불교적 또는 동양적 실재 개념의 진수인 무(無)를 통해 표현해내었다. 그것이 절대무다. 절대라는 서양 철학의 극대적 유개념과 무라고 하는 동양 철학의 극대적 무개념의 통전이라 아니할 수 없다. 니시다 개인과 사상에 대한 평가와는 별개로, 니시다야말로 동·서양 종교철학의 대화에 있어서 선도적인 역할을 수행한 사람이라는 점만은 인정해주어야 할 부분임에 틀림이 없다.

이러한 공헌에도 불구하고, 니시다의 종교철학이 갖고 있는 의미와 한계를 간략히 짚고 넘어가야 할 것이다. 먼저 대립과 통일의 측면을 니시다 사상의 변천과정에 따라 생각해보자. 니시다의 철학은 한마디로 말해, 이 세계에 존재하는 모든 대립의 문제를 통일성의 문제를 통해 해결해나간 것이라고 하는 점에서 의미가 있다. 아와 비아의 투쟁의 세상, 약육강식의 생존경쟁의 세상에서 나와 너가 하나의 통일에서 나왔으며 하나의 통일을 향해 가고 있다고 하는 것은 이 세계에 존재하는 갈등과 다툼을 해결할 수 있는 좋은 철학적 사유로 작용할 수 있다.

---

49 西田幾多郎, 『善の研究』, 415-417; 436.

〈순수경험의 철학〉은 주체와 객체의 대립의 문제를 주체와 객체의 합일의 문제로 바라보았다. 이러한 면에서 니시다의 순수경험은 윌버의 합일의식과 그 의미를 같이 한다. 그것은 표면적으로는 주객미분의 원시적 근원으로의 회귀를 의미했다. 윌버의 시각에서 보면, 아직까지 전통철학의 낭만적 회귀의 오류를 벗어나지 못한 사고라는 비판이 있을 수 있다. 그러나 본 연구를 통해서 순수경험의 이중성은 순수경험의 철학에서도 미래를 향한 통일이라는 현실적 전진의 사유가 배태되어 있었음을 볼 수가 있었다. 그것이 과거지향적이든 미래지향적이든 순수경험은 주객이 본래 하나라는 것을 강조한다.

또한 〈자각의 철학〉은 순수경험의 직관주의적 사고가 안고 있었던 또 다른 이원성을 극복하기 위해 나온 것이었다고 생각할 수 있다. 주객의 대립의 차원이 해소된다고 할지라도, 그것은 직관과 반성을 이원적으로 대립되는 문제를 해결하지 못하였다. 본 연구는 이를 순수경험의 이중성의 연장선상의 문제로 바라보았다. 즉 원초적 의식과 의식발전 체계라는 이중적 구조에서 해석하였다. 니시다는 이 직관과 반성의 문제를 자각 안에서 해결하고자 했다. 이는 원초의식과 의식발전 모두 통일성의 측면에서 순수경험이라고 했던 것을 원초의식은 직관으로 의식발전은 반성으로 바꾸며 그 근저에 자각을 두는 방식을 택했던 것이라고 해석할 수 있다. 순수경험에 있어서는 반성의 대립에서 직관의 합일로의 이행을 지향했다면, 자각에 있어서는 직관과 반성의 통일의 문제에 역점을 두었던 것이다. 니시다의 '즉'과 '과'의 논리가 여기에서 성립한다. 자각은 직관도 아니고 반성도 아니고 '즉' 또는 '과'이다. 이제 니시다는 주객대립의 문제를 직관의 문제로 보지 않고, 자각의 문제로 바라보게 된 것이다. 그러나 필자가 보기에, '즉'의 사유를 이야기하고 있지만, 순수경험의 논리에서의 지향성이 반성에서 순수경험을 향하고 있듯이, 자각의 논리에서의 지향성 역시 반성이 아닌 자각을 향하고 있다. 공과 색의 논리에서 말하면, 여전히 공의 측면이 강조되고 색의 측면이 약하다는 말이다.

이러한 니시다의 관점은 〈순수경험〉과 〈자각〉의 시기 이후의 철학에서도 변함이 없다는 것이 필자의 관점이다. 〈보는 것의 철학〉은 작용하는 것에서 보는 것으로의 관점의 이동을 의미했다. 〈절대무와 장소〉도 마찬가지다. 개물 및 특수는 초월적 술어인 절대무 안에서 의미를 갖는다. 고유성을 갖고 자기정체성을 얻는다. 물론 유와 무의 상대적 대립을 넘어선 절대모순에 기초한 통일성, 절대무의 자각의 자기한정이라는 개념으로 유와 무의 문제를 해결하고자 하지만, 이러한 통일성 역시 무(無)의 신비로의 침잠이라는 기본적인 구도를 벗어나 있는 것일까? 유와 무의 존재의 신비주의를 벗어나, 역사의 문제를 다룰 수 있을까? 물론 〈행위적 직관〉의 시기에 이르면, 역사철학의 문제가 표면으로 떠오른다. '사유 즉 존재', '직관 즉 반성'이 아니라, '직관 즉 행위'이며 '행위 즉 직관'이다.50 이것이 역사적 세계를 스스로 형성하는 자기원리다. 이로써 니시다는 존재의 신비주의, 반성과 직관의 사유에서 역사적 세계로의 새로운 전환을 한 것일까? 니시다는 일제 군국주의와 대동아침략 전쟁의 당시의 역사적 현실 앞에서 이것이 절대무의 역사적 자기현현이라고 말할 수 있을까? 여기에 어떠한 직관이 있으며, 어떠한 행위가 있고, 어떠한 행위 즉 직관이 있는가?

---

50 小坂國繼, 『西田幾多郎の思想』(東京: 講談社, 2003), 187-188.

순수경험의 비분별지가, 직관과 반성의 통일을 이루는 자각이 하루하루 일용할 양식을 위해 살아가는 사람들에게 어떤 의미를 줄 것인가? 작용하는 것이 아니라, 보는 것은 도대체 무엇을 보고 있는 것인가? 행위 즉 직관은 이러한 현실 앞에서 무엇을 직관하며 동시에 어떠한 행위를 하는 것인가?

이와 같은 의미부여 및 비판의식은 신학적으로도 동일하게 적용될 수 있을 것이다. 니시다의 사상들을 신학적으로 재해석하여 수용한다면, 순수경험의 신학, 자각의 신학, 절대무의 신학, 장소의 신학 등의 이름을 붙일 수 있을 것이다. 윌버의 사상들을 신학적으로 재해석하여 수용한다면, 의식의 신학, 영의 신학 등의 이름을 붙일 수 있을 것이다. 무엇보다도 특별히 이 글의 주제와 관련하여 이름을 붙인다면, 니시다의 사상에 터한 신학은 '통일성의 신학', 윌버의 사상에 터한 신학은 '통전(통합)신학' 또는 '인티그럴 신학'이라고도 이름 붙일 수 있을 것이다. 만일 이러한 신학이 성립될 수 있다면, 이 두 신학은 특별히 동·서양의 종교와 영성, 심리학과 철학에 기초한 독특한 신학의 계보를 형성할 수 있을 것이다.

이제 이 글에서는 이러한 예에 대해 언급하고, 이를 바탕으로 그 태생적 한계에 대해서 간략하게 논함으로써 이 글의 긴 여정을 마무리하고자 한다.

통일성을 중심으로 한 니시다의 철학은 일본 신학자 야기 세이이치의 신학에서 재해석된 바 있다. 니시다의 자각의 입장에서, 야기는 초월자에 대한 인식은 신을 대상화해서 보는 것도 아니고, 체험하는 것도 아니며 주체의 직관적 자각 중에 부여된 사실이라고 주장했다.51 또한 야기는 니시다 사상에 내재된 '통일성'에 주목하여 초월자와 인간의 행위와 활동을 통합을 향한 것이라고 보았다.[52] 니시다의 통합성에 터한 야기의 신학은 실존보다 순수경험, 실존보다 자각, 실존보다 절대무, 실존보다 장소가 선행하는 신학을 전개했다고 평가할 수 있다. 니시다의 철학이 바로 바탕 또는 근저가 중심이 되는 철학이기 때문이다. 야기는 이 바탕 또는 근저가 바로 통합에 다름 아니라고 간파했기에, 이와 같은 통합의 신학을 전개할 수 있었던 것이라 하겠다.

야기 세이이치는 기독교 신학의 입장에서 니시다의 철학을 수용하여 재해석하였다. 반대로 아베 마사오는 교토 철학자로서 불교의 입장에서 공(空) 사상을 기독교의 케노시스(kenosis) 개념을 통해서 비교하면서 재해석한 바 있다.[53] 그러나 어느 경우든 그것은 니시다의 절대무 사상처럼 무(無)의 신비주의의 영향권에서 벗어나지 못한다.

니시다의 통일성에 근거한 야기 세이이치의 신학이나 공(空)에 근거한 아베 마사오의 종교철학은 모두 역사성의 문제를 안고 있다고 볼 수 있다. 니시다의 순수경험, 자각, 절대무, 장소에 입각한 철학과 신학은 야기가 극복하고자 한 실존의 문제를 오히려 도외시하는 결과를 낳기 쉽다. 순수경험의 탈현실적 몰아성, 자각의 존재신비주의, 절대무의 무의 신비주의, 장소의 근저 신비주의에 침잠하기 쉽다는 말이다. 20세기의 철학은 플라톤, 아리스토텔레스 이후의 본질 중심의 철학을 극복하고 오히려 실존, 현존을 강조하는 철학으로 전개되어

---

51 八木誠一, 『佛教とキリスト教の接點』(東京: 法藏館, 1975), 191.
52 같은 책, 164.
53 阿部正雄/변선환 옮김, 『선과 현대신학』(서울: 대원정사, 1996), II부 케노시스적 하나님과 역동적 공(空).

오지 않았는가? 무(無)로의 통일성의 태생적 한계다.

월버의 통전철학도 이러한 관점을 피하기 어렵다. 비록 그의 형이
상학이 위로부터 아래로 주어지는 계급적 형이상학이 아니라, 아래
로부터 위로 감싸 안으면서 아래의 것들을 포함하면서 초월해가는 홀
라키적 구도를 갖고 있기에 상당한 장점을 갖고 있음에 틀림이 없다.
그러나 그의 종교심리철학 역시 무의 신비주의의 늪으로 빠지기 쉽
다. 월버 역시 공(空)에 빠지는 공병(空病)을 염려하여 색즉시공이 아
니라 공즉시색을 비이원성으로 해석함으로서 존재와 비존재의 대립
을 극복했음에도 불구하고, 존재가 곧 역사는 아니라는 것이 필자의
생각이다. 존재중심의 사유, 존재중심의 통일성의 한계다.

또 한 가지 언급하자면, 통일성이 갖고 있는 전체적 성격이다. 물
론 니시다와 월버의 철학이 특수와 보편의 대립이 아니라, 양자를 포
괄하는 의미에서의 통일성, 전체성을 의미하는 것이긴 하지만, 그것
의 타락은 곧 전체주의로의 타락을 가져올 수 있기 때문이다. 니시다
가 영향을 받고 월버가 칭송한 헤겔의 철학이 전체주의와 역사의 계
급의식을 갖고 왔다는 사실을 염두에 두어야 할 것이다. 니시다는 유
(有)의 극대화인 헤겔의 절대정신을 무(無)의 극대화인 절대무로 표
현했지만, 그것은 절대정신으로의 통일을 절대무로의 통일로 바꾸었
을 뿐이다. 이 통일의 과정이 자기동일성에 기초하고 있는 한, 특수는
영원히 보편의 전체성의 늪에서 빠져나오기 힘들 것이다. 월버 역시
헤겔의 절대정신을 이성적 수준에서의 통일성이라는 측면에서 그 한
계를 지적하며 자신의 통일성을 인티그럴한 통일성으로 구별하고 있
지만, 이 또한 존재의 신비주의를 벗어나지 못하면 역사적 현실의 문
제에 둔감할 수밖에 없다고 본다. 필자는 이 두 사람의 사상이 존재의

신비를 뛰어넘어 개개의 사물과 특수한 사건, 역사와 현실의 문제를
충분히 담아내고 있지 못하고 있다고 판단한다.

Ⅷ. 향후 과제 :
니시다 사상의 의미와 한계

이 글은 지금까지 다음과 같은 점에 대해 논구하였다.

먼저 II장은 니시다 사상에 있어서 '순수경험'과 '자각'이 차지하고 있는 위치와 의미에 대해서 그의 개념적, 사상적 발자취를 따라 정리하였다. 그 결과 이를 통해 니시다의 사상이 어떠한 변천과정을 거쳤으며, 또한 그의 주요 개념들이 각각의 위치에서 어떠한 지점을 차지하고 있는가 하는 것에 대해서 한눈에 살펴볼 수 있게 되었다.

다음으로 니시다 사상에 대한 많은 연구가 『선의 연구』를 기점으로 시작하는데 비하여, 이 글은 〈순수경험의 시기〉 이전의 맹아적 관심에 주의를 기울였다. 이는 니시다 사상에 있어서의 연속성과 불연속성을 잘 들여다 볼 수 있게 해줄 뿐만 아니라, 본 연구의 취지에 맞게 왜 니시다의 사상을 심리학적인 관점과 철학적 관점을 연결시켜서 바라보아야 하는가 하는 점에 대한 근거를 제공해주는 역할을 수행했다.

III장은 순수경험에 대한 심리학적, 철학적 논의이다. 순수경험이 형성되기 이전 니시다의 관심은 무엇이었는가 그리고 이것이 니시다 사상 형성에 어떠한 영향을 미쳤는가 하는 것에 대한 탐구였다. 이를 통해 분트, 제임스의 심리학적 영향 및 그린, 칸트, 헤겔 등의 철학적 영향에 대해 살폈다.

IV장은 니시다의 사상을 윌버의 통전적 의식 연구, 즉 인티그럴 심리학에 비추어 연구할 수 있는 정당성과 합리성에 대한 서술이었다. 먼저 의식현상이 유일 실재라고 선언한 니시다의 사상이 의식 연구라는 점을 강조함으로써 이에 대한 정당성을 갖고자 했다. 그리고 니시다의 종교철학을 트랜스퍼스널 심리학의 관점과 인티그럴 심리학의 관점에서 해석할 수 있는 접점이 무엇일까에 대해서 생각해보았다. 그리고 이는 니시다 스스로 철학적 심리학이라고 불렀던 그의 방법론이 역으로 니시다가 심리학적 철학이라는 학문적 영역 속한다는 것을 반증하는 것이라는 것을 말하고자 했다. 또한 이것은 그 함의를 넓혀 분트가 이야기한 형이상학적 심리학이라는 용어를 뒤집어, 심리학적 형이상학의 영역이라고 하는 것도 이야기하려 했다.

V장은 니시다의 순수경험과 자각의 의미를 분석하고 규명한 후, 이것을 통전적 의식 연구의 관점에서 의미를 부여하고자 하였다. 이러한 의미분석은 크게 순수성과 궁극성이라는 두 가지 측면에서 나누어 생각해보았으며, 이 과정은 순수경험은 주로 순수성의 측면에서, 자각은 주로 궁극성의 측면에서 그 의미를 부여해보고자 하였다. 그 결과 니시다 사상에 있어서의 의식의 순수성이 순수경험의 직접지, 주객미분의 의식, 합일의식, 신비주의, 직관주의, 비자아의식, 현재의식, 통일적이고 연속적인 흐름의 의식이라는 특성을 갖고 있다는 점을 간추리고 정리해내었다.

VI장은 순수경험의 이중성의 문제를 원초의식과 의식발전 체계로 나누어 고찰하는 방식에 따라 제기된 문제의식을 통전적 의식 연구의 개념과 관점에서 비판적으로 숙고하였다. 전자는 순수경험의 주객미분의 원초성을 인티그럴 사상의 진화와 회화 개념, 전초오류 개념, 낭만적 회귀의 개념을 통해 비판적으로 이해하였다. 또한 후자는 니시다가 의식전개의 발전이라고 하는 측면에 대한 논의를 체계적으로 발전시키지 못했다는 점을 두고 통전적 의식 연구의 발달론이 이에 대한 보충적 역할과 비판적 대안의 역할로서의 가능성을 염두에 두고자 하였다.

VII장은 니시다 사상의 중핵을 통일성에 두어, 이에 대한 니시다의 언명들을 취합하고 분석하는 작업을 수행하였다. 그리고 이를 통전적 의식 연구의 '통전'(인티그럴) 개념을 통해서 보완적, 비판적으로 이해해보고자 하였다. 무엇보다도 통일성이야말로 니시다에게 있어서 신이며, 그것이 신학적으로 어떤 의미와 한계를 가질 수 있는가에 대하여 논술하였다. 순수경험과 자각의 밑바탕에 통일성이 자리하고 있다는 점을 부각시켰다고 하는 것이 이 글의 강조점이다.

그럼에도 불구하고, 니시다 사상에는 무의 신비주의와 이로 인한 미학적 사상의 한계, 역사적 현실성 결여라는 난제를 안고 있었다는 것이 필자의 생각이다. 니시다 사상에 대한 비판은 일본 현지에서는 신성불가침한 영역처럼 느껴지기도 한다. 그것은 일본 종교철학의 아버지로서의 그의 위상 때문이기도 할 것이다. 그러나 이러한 상황에서 한 발 비껴 있는 남산대학교 하이지히(Heisig)는 『선의 연구』 발간 100주년기념 국제심포지엄에서 긍정적 평가 이외에도 솔직한 비판도 필요하다고 일침을 가한 바 있다. 그는 철학이란 기성의 사상을 분석, 해석, 비교하는데 머물지 않고 사려 깊은 비평이나 반론에 의해서 탄생되고 쇠퇴하고 소멸해 가는 것이라고 주장한다. 그리고 이러한 의미에서 이미 100년이 된 니시다 철학도 현대의 문제에 맞게 하나하나 심도 있고 적극적인 비평이나 반론을 받을 필요가 있다고 주장했다.[1] 또한 위 지적은 물론, 일제침략기의 역사적 상황이나 니시다 사상의 고결함을 방관주의 내지 일본 제국주의의 국체 사상에 일조하는 도구로 전락시켰다고 하는 사실도 포함되어야 할 것이다.

하이지히는 본인의 견해에 따라 여러 가지 이론적인 측면에서 니시다 사상의 중대한 결함을 지적했다. 그의 비판적 요지를 간추리면, 그것은 〈의지〉와 〈요구〉의 문제, 〈통일성과 계층성의 문제〉, 〈동일성과 다양성의 문제〉, 〈자기만족으로의 복귀〉, 〈의식의 상하위 기능의 분열과 수복- 단순성과 복잡성의 문제〉 등이 있다. 이 중에서도 이 글의 취지와 목적에 맞는 비판은 통일성과 계층성의 문제, 단순성과 복잡성의 문제라 할 것이다. 그것은 이 세계를 계층적 또는 중층적으로 바라보고 있으며 이 세계가 단순성이 아니라 복잡성으로 구성되어 있다고 하는 비판의 점에서 윌버의 통전적 관점과 맥을 같이하는 지적이라고 할 것이다.

그러나 무엇보다도 필자의 눈에 띄는 것은 다음과 같은 지적이었다.[2]

첫째로, 그는 본능, 동기, 욕망, 결의 등의 요구가 없는 〈절대의지〉로서의 신(『자각에 있어서의 직감과 반성』)과 이러한 요구들을 가진 인격적 의지를 가진 인간 사이의 모순에 대해 이야기하면서 이 양자가 도대체 어떤 연관이 있는가 하는 것을 묻는다.

둘째로, 그는 〈절대자유의지〉와 〈선택의 자유〉의 관계로부터 발

---

1 James Heisig, *"An Inquiry into the Good and Nishida's Missiing Basho,"* 「100주년논문」(2010.12), 1.
2 같은 글, 7-8

생하는 〈윤리적 책임〉에 대해 묻는다. 니시다는 본래의 상태로 돌아가기 위해서 모든 욕망이나 단순한 〈선택의 자유〉에 의한 결의를 거절할 필요가 있다고 논한다. 그리고 이러한 〈절대자유의지〉로 나아가면, 인간 정의의 의지작용과는 다른 〈요구〉를 필요로 하게 된다고 말한다. 그런데 니시다는 (바로 이 점에서) 역사적 세계 및 자연계를 뛰쳐나와서 자기와 신의 구별이 희미해진 완전히 개성화되고 자각화된 신개념을 다시 도입한다. 그 결과 현실적인 보통의 인간의 경험체의 세계와의 관계 및 그 세계에 대한 윤리적 책임의 문제를 미정의 상태로 만들었다. 실제로 이러한 물음은 생전의 니시다를 괴롭혔던 문제였고, 그가 〈역사적 세계〉라는 개념을 그의 철학 안에 짜 넣었다고 하더라도 그가 죽기 직전에 쓴 말처럼 비평자들을 설득할 수 없었다는 사실을 인정할 수밖에 없는 문제였다. 이는 필자가 단지 니시다뿐만이 아니라 교토철학 전반에 걸쳐서 제기하는 문제이기도 하며, 또한 실제의 역사 속에서 교토학파 철학자들이 보인 역사적 행위에 대한 물음이기도 할 것이다.

셋째, 그는 니시다에게 있어서 최고의 우주적 힘으로서의 실재의 절대적 요구는 신을 의식에서 활동하고 있는 〈내면적 필연〉으로 귀결시키고 말 정도로 인간적 자각을 〈최고의 선〉으로 절대화하는 것에 지나치게 속박되고 있다고 비판한다. 그는 또 예지적 세계나 절대무의 〈장소〉가 우주적 차원이라고 할지라도 그것은 윤리상의 구체적인 차원에 영향을 줄 수 없는 추상으로 쏙 들어가는 한에서인데, (니시다가 순수의지 또는 절대의지의 소리를 들으라고 말한 바도 있듯이) 우주적 요구라고 하는 추상적 개념이 어떻게 지구의 문제를 해결할 수 있는지를 묻고 있다.

넷째, 그는 니시다 사상이 결국은 신-칸트 학파의 범주를 벗어나지 못하고 있다고 비판하고 있다. 그것은 〈순수의식〉이라든가 〈의식일반〉이 배태하고 있는 〈선천적 형식〉이나 〈범주〉의 재구축이라고 하는 신-칸트 학파의 입장은 인간적 영역에 한정된 윤리적 반성을 함의했는데, 니시다의 사유가 이 철학적 방향으로부터 완전히 해방되지 못했다고 본다.

위에서 제기한 하이지히의 비판을 간단하게 하나의 개념으로 축약하면 윤리의식 또는 책임의식이다. '순수성과 절대성에 의지하는 니시다의 사상이 과연 이 세계의 지구윤리의 문제를 어떻게 해결할 수 있는가' 하는 지적인 것이다. 하이지히는 이 문제의식을 윤리의 문제로 지적하고 있지만, 필자는 역사성의 문제로 지적하고 있는 것이다.

니시다 사상의 장점이자 한계는 바로 수행종교인 불교를 바탕으로 하고 있다는 점, 신비주의 철학이라고 하는 점에 있다고도 볼 수 있다. 이 점에서는 켄 윌버도 예외는 아니다. 주지하다시피 니시다에게 있어서 선불교 체험과 선불교 사상은 그의 사상의 바탕이다. 그리고 중관불교의 공(空) 사상이 절대무의 논리로 화하였다. 또한 자각에서의 '즉'의 논리에서 보는 바와 같이, 일즉다다즉일(一卽多多卽一)의 화엄불교의 논리를 갖고 있다. 이사무애(理事無礙)와 사사무애(事事無碍)의 논리도 엿보인다.

그러나 니시다의 사상은 생사일여의 역사관의 한계를 갖고 있다. 죽어가는 중생들과 함께 당당히 저항하고 맞서는 철학이 아니라 죽음으로부터의 회피의 모습이 그의 삶과 행동에 나타나기도 했다. 계몽시기의 니시다는 심지어 물질적 생명의 타살에 대해 말하기도 했으

며, 전쟁터에 나가 죽은 동생의 슬픔 앞에서도 군인의 본분으로서 그
것이 국가 발전을 위한 멸사봉공의 정신이었다고 하는 글을 남겼다.
또한 그것은 계몽기의 니시다에서만 그러한 것이 아니라, 40여 년이
지난 니시다 사상 말기의 글인『일본문화의 문제』(1940),『국가 이유
의 문제』(1941)에서도 적나라하게 표현되어 있기도 하다.3 저 고매한
절대무의 정신이 고작 이러한 전체주의의 아류에 불과했단 말인가?
견성성불의 깨달음이란 본래 불교의 정신인 미물까지도 사랑하는 생
명경외사상이 아니었단 말인가? 절대무의 장소에는 생명이 살아 숨
쉴 공간은 없단 말인가? 이 점에서 우리는 앞으로 순수경험에 있어서
의 선과 악의 문제에 대해 좀 더 치밀하게 연구할 필요가 있다.

  이 글은 니시다 사상이 갖고 있는 역사철학의 문제의식을 제기하
는 것에 그치고 본격적으로 다루는 데까지 나아가지는 못했다. 그러
나 이것은 니시다 사상을 연구하는데 있어서 대단히 중요한 문제라고
생각한다. 특별히, 그것은 일본 군국주의 앞에서 무력할 수밖에 없었
던 데에는 그의 종교적, 철학적인 사상적 근원이 있었는가 하는 문제
와도 관련된다. 그리고 이것은 비단 니시다가 살았던 일제 침략기만
이 아니라, 미 · 중 · 일 · 러의 강대국의 국제적 역학 관계 속에서
살아가고 있는, 남북의 대치를 남북의 통일의 문제로 이끌어가야 할
21세기 대한민국을 살아가는 오늘의 우리들에게도 하나의 시사점을
제공해주고 있다고 생각한다. 그의 종교철학적 한계는 통일성을 전
체주의를 위한 도구적 개념으로 전락시켰으며, 힘의 논리에 굴복하

3미야카와 토루 저/아라카와 이오쿠 편/이수정 옮김,『일본근대철학사』(서울: 생각의 나
    무, 2001), 183-187.

게 만들었다는 데 있다. 따라서 위에서 제기한 문제의식을 더욱 발전시켜 연구할 필요가 있다. 이것은 앞으로 진행해야 할 필자의 미완의 과제 중 하나로 남겨 놓는다. 통일의 신학은 전체주의 신학이 아니라, 역사신학이 되어야 할 것이다. 이것이 우리의 과제이다.

참고문헌

〈저서〉

西田幾多郎/竹田篤司外(編). 『西田幾多郎全集』. 東京: 岩波書店, 1978.

西田幾多郎/安倍能成外(編). 『西田幾多郎全集』. 東京: 岩波書店, 1947.

西田幾多郎/小坂國繼(編). 『善の研究』. 東京: 講談社, 2006/2016.

西田幾多郎/上田閑照(編). 『自覺について』. 西田幾多郎哲學論集III. 東京: 岩波書店, 1990.

西田幾多郎/高坂正顯(編). 『哲學槪論』. 東京: 岩波書店, 1953/1970.

氣多雅子. 『西田幾多郎 〈善の研究〉』. 京都: 晃洋書房, 2011.

小坂國繼, 『西田幾多郎の思想』. 東京: 講談社, 2003.

藤田正勝. 『京都學派の哲學』. 東京: 岩波書店, 京都: 昭和堂, 2001.

高坂正顕. 『西田幾多郎先生の涯崖と思想』. 札幌: 総文社, 1971.

大橋良介(編). 『京都學派の思想: 種種の像と思想のポテンシャル』. 京都: 人文書院, 2004.

平山洋, 『西田哲學の再構築: その成立過程と比較思想』. ミネルブァ書房, 1997.

Friedlein, Curt. *Geschichte Der Philosophie*. Berlin: Erich Schmidt Verlag, 1980.

James, William. *The Principle of Psychology*, vol. 1. Dover Publications, 1950.

Lovejoy, Arther. *The Great Chain of Being: A History of an Idea*. Cambridge/London: Harvard University Press. 1936/1964.

Reynolds, Brad. *Where's Wilber at?* paragon house, 2006.

Wilber, Ken. *A Brief History of Everything*. Boston & London: Shambhala, 1996.

________. *The Integral Vision: A Very Short Introduction to the Revolutionary Integral Approach to Life, God, the Universe and Everything*. Boston & London: Shambhala, 2007.

________. *Integral Spirituality: A Startling New Role for Relgion in the Modern and Postmodern World*. Boston & London: Integral Books, 2006.

________. *A Theory of Everything: An Integral Vision for Business, Politics, Science and Spirituality*. Boston: Shambhala, 2000.

________. *Integral Psychology: Consciousness Spirit, Psychology, Therapy*. Boston & London: Shambhala, 2000.

________. *The Marriage of Sense and Soul: Integrating Science and Religion*. New York: Random House, 1998.

________. *Sex, Ecology, Spirituality: The Spirit of Evolution*. Boston & London: Shambhala, 1995.

________. *No Boundary: Eastern and Western Approaches to Personal Growth*. Boston & London: Shambhala, 1983.

________. *Up From Eden: A transpersonal View of Human Evolution*. Quest Books, 1983.

________. *The Atman Project: A Transpersonal View of Human Development*. Wheaton: Quest Books, 1980.

________. *The Spectrum of Consciousness*. Wheaton: Quest Books, 1977.

강영계.『사회철학의 문제들: 헤겔에서 포퍼까지』. 서울: 철학과 현실사, 1991.
이경재.『프로이트와 종교를 말한다』. 파주: 집문당, 2007/2012.
이한영.『앎과 영적 성장』. 서울: 문사철, 2013.
최명관 역저.『방법서설 · 성찰 · 데카르뜨 연구』. 서울: 서광사, 1983.
허우성.『근대 일본의 두 얼굴: 니시다 철학』. 서울: 문학과 지성사, 2000.

〈역서〉

노이만, 에릭/이유경 옮김.『의식의 기원사』. 서울: 분석심리학 연구소, 2010.

리처드 도킨스/홍영남 옮김.『이기적 유전자』. 서울: 을유문화사, 1993/2006.

미야카와 토루. 아라카와 이오쿠 편/이수정 옮김.『일본근대철학사』. 서울: 생각
　　의 나무, 2001.

아베 마사오.『禪과 종교철학』. 변선환 엮음. 서울: 대원정사, 1996.

윌버, 켄/김재성 · 조옥경 옮김.『세상에서 가장 아름다운 용기』. 서울: 한언,
　　2006.

　　　　/김철수 옮김.『무경계』. 서울: 무우수, 2005.

　　　　/조효남 옮김.『모든 것의 역사』. 서울: 대원출판, 2004.

　　　　/김철수 옮김.『아이 투 아이: 감각의 눈, 이성의 눈, 관조의 눈』. 서울:
　　대원, 2003.

　　　　/조효남 옮김.『감각과 영혼의 만남』. 서울: 범양사, 2000.

유아사 야스오/이한영 옮김.『융과 그리스도교』. 서울: 모시는사람들, 2011.

융, 칼 구스타프/이부영 외 옮김,『인간과 무의식의 상징』(파주: 집문당, 2008)

　　　　/ 한국융연구원 C.G. 융 저작 번역위원회 옮김.『원형과 무의식』. [융 기
　　본 저작집 2]. 서울: 솔출판사, 2002. 156-157.

카프라, 프리초프/이성범 · 김용정 옮김.『현대물리학과 동양사상』. 서울: 범양사
　　출판부, 1979/1990.

칸트, 이마누엘/신옥희 역저.『이성의 한계 내에서의 종교』. 서울: 이화여자대학
　　교출판부, 2001.

헉슬리, 올더스/조옥경 옮김.『영원의 철학』. 서울: 김영사, 2014.

〈논문〉

이찬수. "교토학파의 자각이론: 니시다 기타로를 중심으로."「원불교사상과 종교
　　문화」50(2011.12): 273-301.

이한영. "켄 윌버의 의식진화론적 통전사상 연구: 통전신학에 대한 시론적 모색."
　　박사학위논문. 서울: 감리교신학대학교, 2008.

〈『선의 연구』간행100주년기념국제심포지엄 논문〉(2010.12.18-19)

井上克人, "『善の研究』という書物: 著者・西田幾多郎の位相," 『善の研究』
　　　刊行100周年記念國際シンポジウム發表論文(京都:京都大學文學研
　　　究科, 2010. 12.18), 1-13.

気多雅子. "西田における一性への志向:『善の研究』の宗教哲学的意義." 『善
　　　の研究』刊行100周年記念國際シンポジウム發表論文(京都: 京都大
　　　學文學研究科, 2010. 12.18), 1-5.

日高 明. "純粋経験と意味." 『善の研究』刊行100周年記念國際シンポジウム
　　　發表論文(京都: 京都大學文學研究科, 2010. 12.18), 1-12.

城阪真治. "『善の研究』における独我論の論駁." 『善の研究』刊行100周年記
　　　念國際シンポジウム發表論文(京都: 京都大學文學研究科, 2010.
　　　12.18), 1-11.

守津 隆. "『善の研究』と後期西田哲学." 『善の研究』刊行100周年記念國際シ
　　　ンポジウム發表論文(京都: 京都大學文學研究科, 2010. 12.18),
　　　1-4.

中嶋優太, "意思の自由と理想: 「倫理学草案」を手がかりとし." 善の研究』
　　　刊行100周年記念國シンポジウム發表論文(京都:京都大學文學研究
　　　科, 2010. 12.18), 1-11.

張政遠. "経験をめぐって." 『善の研究』刊行100周年記念國際シンポジウム
　　　發表論文(京都: 京都大學文學研究科, 2010. 12.18), 1-8.

Heisig, James. "『善の研究』と西田の欠けている場所." 『善の研究』刊行100
　　　周年記念國際シンポジウム發表論文(京都: 京都大學文學研究科,
　　　2010. 12.15), 1-5.

찾 아 보 기